青い眼が見た幕末・明治

12人の日本見聞記を読む

プチャーチンの秘書官
ゴンチャローフ

米国の初代日本総領事
ハリス

ハリスのオランダ人通訳
ヒュースケン

英国の初代駐日公使
オールコック

約25年滞日した英国人外交官
アーネスト・サトウ

イタリアの通商使節
アルミニヨン

デンマーク人海軍士官
スエンソン

お雇い灯台技師
ブラントン

ロシア人革命家
メーチニコフ

英国公使館書記官
マウンジー

滞日29年のドイツ人医師
エルウィン・ベルツ

英国人紀行作家
イザベラ・バード

緒方 修

芙蓉書房出版

はじめに

我が家に残る明治

祖母から教えてもらったしりとり歌がある。おそらく私が5歳くらいの時に覚えたものだ。

「すずめ―めじろ―ろしや―やばんこく―くろぱときん―きんのたま―まけてにげるはちゃんちゃんぼう―ぼうでたたくはいぬころし―しべりやてつどうないけれど―どびんのくちからはきだせば―ばるちっくかんたいぜんめつす」

音だけで覚えていたが、漢字交じりで分かりやすくすると。

「雀―メジロ―ロシヤ―野蛮国―クロパトキン―金の玉―負けて逃げるはちゃんちゃん棒―棒で叩くは犬殺し―シベリヤ鉄道ないけれど―土瓶の口から吐き出せば―バルチック艦隊全滅す」

クロパトキンもシベリヤ鉄道もバルチック艦隊も、子供の時は何のことか分からない。日露戦争後に流行ったものだろう、と推測したのは大学生の時だった。「土瓶の口から吐き出せば……」は今でも分からない。

♪「旅順開城約成りて　敵の将軍ステッセル　乃木大将と会見の　所はいずこ水師営」

ご存知「水師営の会見」である。ご存知、と書いたが他の人がご存知かどうかは分からない。

これも祖母からの刷り込みで頭に沁みついている。たまたま東京にいた叔父が熊本に帰って来た。その時に3歳下の弟と二人でしりとりをやっていた。明治時代に流行ったものが、熊本ではまだ生きている、と驚いたようだ。実は熊本でも知っている人はいなかった、と思う。ちなみに叔父は元黒龍会会員、大阪毎日新聞記者、毎日グラフ編集長。日本未来派、歴程同人、釣が好きで魚佛の号を持ち、後に読売文学賞（詩）を受賞した。腕時計をしなかった。その理由は「手錠の感触がするから」と。無政府主義者で何度も警察に捕まったことがある。その時のエピソードが面白い。警察署長から父親（私にとっては祖父）が呼び出され、引き取るよう求められた。しかし祖父は断る。

「この子は考えが間違うとりますから、もうしばらく入れておいて下さい」

「まいったよ、あの時は」と叔父は思い出しながら苦笑していた。

祖父は宮崎滔天と一緒に東亜同志会を結成し、孫文の革命を支持した。辛亥革命成功直後、アメリカのデンバーから欧州経由で帰った孫文を香港で迎えた。上海までの船旅を一緒に過ごし、これからどういう国家を作るかインタビューしている。その時に「海不揚波」の書を揮毫してもらった。日付を入れる時に、孫文は一瞬考えて「清之亡年」と記して笑ったという。孫文が下野した後、熊本にも呼んだことがある。我が家の「博愛」の書はその時にもらったのだろう。若い時に、荒尾精（日清貿易研究所を設立）に呼ばれ、漢口楽善堂の主任を務めていた。ここは参謀本部の命で情報収集の役目も果たした。上海の東亜同文書院の前身にあたる。……と我が家の歴史を辿るだけで明治の匂いが立ち昇ってくる。

徳冨蘆花夫人・愛子さん

亡くなった母親を世田谷の京王線の蘆花恒春園に連れて行ったことがある。蘆花夫妻が住んでいた家と庭が残っている。母が「愛子さんの……」と懐かしそうに見ていた。「愛子さん」は祖母の友達でよく家にも遊びに来ていたそうだ。初めて聞いた。「兄弟仲の悪して（悪いので）」と母がつぶやいた。徳富蘇峰と弟の徳冨蘆花の兄弟仲が悪かったのは有名だ。蘇峰は100巻におよぶ『近世日本国民史』、蘆花は「不如帰」「自然と人生」「謀反論」を著した。蘆花はトルストイに傾倒した。熊本の水俣の兄弟の生家には、トルストイと一緒に馬車に乗っている写真が掲げられている。蘆花は蘇峰の国家膨張主義を批判し、絶縁した。二人の意見の違いは日本文学史上の事件だが、母には「兄弟仲の悪して」が印象に残っていた。

ところで母の弟（私の叔父）は戦前早稲田大学に進み、日本共産党に入党。戦時中は「地下に潜っていた」。当然、姉である母の嫁入り先（つまり私の自宅）にも憲兵がやってきて、しつこく潜伏先を訊く。叔父は当然、足が付きそうな所には立ち寄らない。憲兵に対して母は「わたしゃ国粋主義ですけん」と煙に巻いてごまかしていた。一方、母の兄（私の伯父）は陸軍中佐。兄弟で共産主義と軍国主義に分かれた。

叔父の息子（私の従兄）は戦後、ソ連に留学。ルムンバ記念民族友好大学で医学を学んだ。私の兄は慶応義塾大学経済学部を卒業後、日本共産党に入党。こうして並べると緒方家は「主義者」ぞろいだ。祖父＝国権主義者（「プチ帝国主義者」と揶揄された文章を見たこともある）、父方の叔父は無政府主義者、母方の叔父は共産主義者、その息子（私の従兄）は留学後、ソ連の現実に絶望し共産主義からは離れた。私の兄は日本共産党の党員。ソ連から帰った従兄と兄の会話はまったく噛み合わなかった。従兄はモスクワの悲惨な現状を語り、兄は日本から見た理想の共産主義を語る、私は大学生になったばかりだった。二人の横で会話を聞いていて、共産主義の夢と現実は違うことが分かった。

「主義者」ぞろいの家庭に育つと、〇〇主義に対する反発が強まる。アルコーリズムはアルコール中毒、コミュニズムは共産主義中毒、と書かれた文を読んで納得したことがある。行き過ぎは良くない。ほどほどが良い。頭だけで考えず現実を見なくては。

「柔肌の熱き血潮に触れもみで　寂しからずや道を説く君」（与謝野晶子）

あまり関係ない話が続いて恐縮だが、明治以降の熊本士族のなれの果てが緒方家の現状とすれば、きっと沖縄にはもっと時代に影響された人びとがいるだろう。

沖縄の植民地的状況は明治時代にははっきりしてきた。特にあの死神のような顔をした山県有朋が悪い。薩摩から来た奈良原繁県令もくせもの。対する謝花昇もまるまる民衆側に立っていた訳でもなさそうだ。沖縄で天皇崇拝が強制された経緯や沖縄戦の悲劇は研究者がたくさんいて著書も多い。沖縄の本格的植民化の始まりは琉球処分からだろう。「沖縄を完全に日本にしてしまわなければならぬ」と重圧が高まったのは明治時代だ。その後は沖縄搾取作戦が進行し、沖縄戦では20万以上の人々が亡くなり、戦後は土地は米軍に獲られてしまった。復帰後も同じような状況が続いている。沖縄の植民地化とそれが現状に及ぼしている影響を探りたい。一部は前著『青い眼の琉球往来』（芙蓉書房出版）に記した。

日本の一番南の端に住んでいると、沖縄は日本の植民地、日本はアメリカの植民地ということがよく見えてくる。熊本の我が家の事情、沖縄の米軍占領継続の事情、日本の情けない対米隷従の事情と周囲に広げて考えると、ロシアのマトリョーシカ人形を思い出す。私が一番小さな人形で、周りを家族、地域、国家が取り囲んでいる。

前著は琉球に限ったが、今回は国家の基礎が出来上がりつつある日本に視野を広げる。観察者は、この時代に重要なプレイヤーとして振る舞った青い眼の人々だ。

「青い眼」が記録した文章を読んでいると、たいていは中国経由でやってきたことが分かる。彼らの考えでは、東洋人はガツンとかませないと言うことを聞かない。中国人と日本人はぶいぶん違う。中国の街は汚いが、日本の街にはゴミが落ちていない。小さなことに喜びを見出している。迷信の中に生きている。など様々だ。鎖国が続き、庶民は外国の事情は知らなかった。しかし日本人は好奇心が強く、たちまち西洋に追いつくのではないか、と青い眼たちは観察していた。

本書で取り上げた青い眼の〈日本見聞記〉は以下の通り。この12人が過ごしたのは江戸時代後期から明治にかけて、つまり幕府が崩壊し、維新政府が誕生し、日露戦争に湧く時代であり、彼らの著した航海記や日記は大変興味深い（末尾は日本に到着した年）。

①『ゴンチャローフ日本渡航記』ゴンチャローフ（ロシア人）　１８５３（嘉永６）年
②『日本滞在記』ハリス（アメリカ人）　１８５６（安政３）年

③『ヒュースケン日本日記』ヒュースケン（オランダ人）　1856（安政3）年
④『大君の都』オールコック（イギリス人）　1859（安政6）年
⑤『一外交官の見た明治維新』アーネスト・サトウ（イギリス人）　1862（文久2）年
⑥『イタリア使節の幕末見聞記』アルミニヨン（イタリア人）　1866（慶応2）年
⑦『江戸幕末滞在記』スェンソン（デンマーク人）　1866（慶応2）年
⑧『お雇い外人の見た近代日本』ブラントン（イギリス人）　1868（明治元）年
⑨『回想の明治維新』メーチニコフ（ロシア人）　1874（明治7）年
⑩『薩摩反乱記』マウンジー（イギリス人）　1876（明治9）年
⑪『ベルツの日記』エルウィン・ベルツ（ドイツ人）　1876（明治9）年
⑫『日本奥地紀行』イザベラ・バード（イギリス人）　1878（明治11）年

青い眼が見た幕末・明治　目次

第１部

幕末・明治を外から見る

1 ロシア文豪が見た幕末日本
——閉ざされた玉手箱

❖イワン・A・ゴンチャローフ『ゴンチャローフ日本渡航記』

1853年8月に長崎に来航したロシア使節プチャーチン提督の秘書官ゴンチャローフは世界周遊記を『フリゲート艦パルラダ号』として1858年に刊行している。

そのうち日本に関係する部分が『日本航海記』と題されて、戦前から戦後にかけて何度も出版されている。

本書の底本である、高野明・島田陽訳の講談社学術文庫版（2008年）は、雄松堂出版の新異国叢書シリーズの『ゴンチャローフ日本渡航記』（1969年）から抜粋編集されている。

ゴンチャローフはペリーに遅れること約1ヵ月、(ハリスより3年早い)1853年の8月にプチャーチン提督の秘書官として長崎に入港した。ぐーたら貴族を描いた「オブローモフ」の作者・ゴンチャローフが見た幕末模様を紹介する。

イワン・A・
ゴンチャローフ

まず米のペリー艦隊とロシアのプチャーチン艦隊との違いは、ペリーは江戸へ、プチャーチンは長崎へ向かったことだ。ロシア側からは《会談を長崎ではじめ、できるだけ江戸訪問を控えるようにして、日本側をいらだたせないようにとの指令が含まれていた》。

幕府にとっては、「鎖国というドアを蹴破る」無礼なペリーに比べて、ロシア側は行儀の良い使節と映った。幕末のペリーによる「迫害」を、福沢諭吉はこう表現した。

「其事実のみを直言すれば、我と商売せざる者はこれを殺すと云ふに過ぎず」(『文明論の概略』岩波文庫)

ゴンチャローフ来航の1ヵ月前、ペリーの黒船を見た勝海舟の感想を聞いてみよう。

勝海舟は語る

「初めて軍艦が来たのを見に行ったよ。十八(三十一?)の時でネ。今の壮士サ。六、七人連れでいったよ。その時は大変な騒ぎサ。あれは米国へ行った時に、よく調べたが、第一世ナポレオンがヘレナ嶋に流されてから十七年目に、欧米各国の公使が寄って、相談をしたのサ。段々食えなくなるので、東洋の方に貿易を開こうということに決議になって、英仏が先ずやって来た。この頃は、シナ、インドが目あてサ。するとシナで林則徐《りんそくじょ》という攘夷家がおって、亜片《あへん》の騒ぎから戦争が起って、かれこれしているうちに、アメリカは後尾であったが、あちらからずっと日本へ来たので、先が後になり、後尾が先になったのサ」（巌本善治編、勝部真長校注『新訂海舟座談』岩波文庫）

勝海舟は「ヘレナ嶋に流されてから十七年目に欧米各国の公使が寄って」と語っている。流されたのが１８１５年だから＋17年＝１８３２年のことになる。ナポレオンは１８２１年に亡くなっているので死後11年。この会議はどこで行われたのだろうか。

その前にナポレオンとセントヘレナ島について。ワーテルローの戦いで敗れたナポレオンは「絶海の孤島」セントヘレナに幽閉された。が、ちょっと待て。絶海の孤島と言うが、ここは欧米の艦船が寄る補給地なのだ。ついでながら38年後、１８５３年に日本に来たペリーもマデイラ、セントヘレナ、ケープタウン、そしてインド洋の航路を辿っている。アメリカ西海岸から西へ向かい太平洋を渡ってきた訳ではない。米の東海岸からひたすら東をめざす。大西洋を渡りアフリカ大陸の西岸を南下し喜望峰を経て、ようやく北上しインド洋へ向かったのだ。

さてセントヘレナのナポレオンは副官のベルトラン将軍とその家族、32人の中国人スタッフとともに豊富な食料品を移入し悠然と暮らしていたようだ。

「ボナパルトは、巷間伝えられているとおり、肥満してはいたが、とても健康そうにみえた」（ベイジル・ホール著『朝鮮・琉球航海記』岩波文庫）

島はイギリス・東インド会社の所有で、イギリスの艦船が周囲を警戒していた。当時（1817年）は821人の白人住民、820人の兵士、618人の中国人労働者、500人の黒人自由民、1540人の奴隷がいた。ナポレオンの死後はこれら数千人の「滞在者」たちはいなくなった。ちなみにナポレオンが愛飲したというセントヘレナ島のコーヒーは、ブルボン種といって「これを飲まずしてコーヒーを語るなかれ」と言われるほどの貴重種らしい。

前後の欧米の動きを見ると、1825年から1850年の25年の間に米国への移民が200万人に増えた。アメリカの強大化が目立つ。イギリスは1833年にイラン戦争、38年にはアフガン戦争。既にロシアとの中央アジア争奪戦（ザ・グレート・ゲーム）が始まっている。1835年には、清に対して以前からしかけてきた悪魔の商品を蔓延させた。アヘン中毒者が200万人に達した。たまらず林則徐は焼却を命じる。1840年、アヘン戦争。こう見て来ると勝海舟の言った1832年の「欧米各国公使」の寄り合いはイギリス主導のように思われる。

本書の後書きによれば、侍従武官長・海軍中将プチャーチンは、《1792年に根室に来たラクスマン、1804年に長崎に来たレザーノフに次いで第三回の遣日使節である。その目的は日本との通商交渉とサハリンでの国境劃定であり、これが「北方領土問題」の最初の公式の交渉となった。プチャーチンには平和的手段をもって日本国と交渉すべしという訓令が出されていた》。

一行はペテルブルグ西方のクロンシュタット港から出港した。船名はバルラダ号。この船は、イギリスのポーツマスでさっそく修理（日露戦争の講和条約で有名なアメリカのポーツマス軍港とは違う）した後、大西洋を南下し、アフリカ大陸南端のケープタウンに寄港……と大回りをして太平洋の小笠原諸島にたどり着く。そこでほかの3隻と合流した。1853（嘉永6）年7月のことだ。ペリーに遅れること一ヵ月。小笠原で台風にあった。
《そうだ、これは猛り狂い、たがいにせめぎあう野獣の群れなのだ。まさしく数頭の獅子と虎が飛びかかり、一方が一方に追いつこうとして、後脚で立ち上がり、上を向いてあがいているのだ。が、それから突如そっくり一団となってどうと倒れる》
ゴンチャーロフはボールのように投げつけられ、頭には瘤《こぶ》、手足は打ち身だらけで衰弱する。8月、ようやく長崎を望見する。

ずるがしこい政策で交際を迫る

《さあ、いよいよ十ヵ月ごしの航海、辛苦の目的を果たすのだ。これこそ鍵をなくしたまま閉ざされた玉手箱だ。これこそ、私たちが今日まで金と武力とずるがしこい政策を用いて、交際させるべく、虎視眈々と空しい努力を重ねてきた国なのだ》
こういう率直な発言は、外交官の口からはなかなか出てこない。早速脱線するが、アンブローズ・ビアスと筒井康隆の「外交」と「外交官」の定義を見てみよう。
「外交（diplomacy）祖国のために偽りを言う愛国的な技術」（ビアス著『新編悪魔の辞典』岩波文庫）
「がいこうかん（外交官）自国の恥を代表する体現者」（筒井康隆著『現代語裏辞典』文春文庫）

外交は嘘を付くこと、外交官は恥を代表する者、と決めつけている。ちなみにビアスによれば「外国の（foreign adj.）一段と劣った他国に所属する」。筒井によれば「がいこく（外国）遠くの国より近くの国と揉め事が多いのは、『親の血をひく兄弟よりも…』と同じ理屈」。当然ここは後に続く「堅いちぎりの義兄弟」という文句をからかっているのだ。義兄弟と言いながら金、女、シマをめぐって殺し合いばかりじゃないか……。ビアスの定義は、水戸藩の攘夷の親玉・徳川斉昭を思い出させる。筒井の定義はこの後の「琉球処分」、「台湾出兵」、「征韓論」に続く時代が浮かぶ。

ちなみに明治24年に完成した『言海』（大槻文彦著）には「外交」という項目はない。『言海』は近代的なスタイルの国語辞典の第一号とされる。「令」を引いてみると、「（一）オホセ、イイツケ、下知。（二）懸ノ長官」とある。小説などの引用例が豊富な『新潮現代国語辞典』で「下知」を引くと、「ゲジ（ゲチとも）指図、命令。「門外に引き出（イダ）せ、（略）知れなば、我等が此奴（こやつ）のために叱らるべしとの下知［五重塔］（引用者が一部略）」。……するとと令和は「ゲジカズ」となるのか……。死んだ魚の眼をした男の左に掲げられた新元号は最初からケチが付いているような感じだ。

元へ戻って「外交官」を引いてみよう。「外務大臣の監督の下に外国に駐在、又は派遣されて、外国との交渉事務を担当する国家公務員」。例として挙がっているのが「若い外交官なのだろう。（略）なんだか穢い物を扱ふように扱ふのがこっちにも知れる［大発見］」。「大発見」とは誰の作品なのだろう？　半世紀前、友人が世界旅行の途中、ヒッピーのようななりで日本の大使館を訪れた。その時の外交官の態度がまさに穢《きたな》いものを扱うようだった、と憤慨していた。

日本側のO・MO・TE・NA・SHI大作戦始まる

ロシア側は野心を隠さない。頑として開国に応じない日本、《この国を啓発しようとする私たちの試みを嘲笑し》ている日本が目の前にある。《いつまでこんな状態が続くだろうかと、私たちは六十フント砲をなでながら語り合うのだった》

なんと最初から大砲にものを言わせて未知の国を侵そうとしている。

ペリーとプチャーチン（ゴンチャローフ同乗）が来日した1853年を振り返ろう。

・太平天国の乱、太平軍が1月に武昌を、3月に南京を占領。
・4月、アジア初となるインド鉄道開業。
・5月、ペリー艦隊那覇へ、7月に浦賀へ。
・8月、プチャーチン艦隊が長崎に入港。
・10月、オスマン帝国がロシアに宣戦布告（クリミア戦争）

クリミア戦争については遠い所での戦争というイメージが強い。しかしカムチャツカ半島まで影響は及んでいた。ロシアの軍艦は英国の軍艦からの攻撃を恐れていた。彼らは江戸へ近づかなかった。幕府から要請された長崎での交渉、を行儀よく守った訳ではない。江戸へは近づけなかったのだ。それでも役人たちに対して、話がつかないようなら江戸へ行って直接話をつけるぞ、と脅かすことは忘れなかった。

《それでは、私たちが自分の船で海路江戸へ向うとすれば、きわめて早くケリがつくわけですね？》と提督が質問した。奉行は態度を一変させる。

《長崎以外の日本の港で異国船を見かけることは、日本人には目の毒でござる》

原文には、日本人には目の毒、に傍点。

《内心おまえたちなんかとっとと失せろと思っていたことは太鼓判を押してもよろしい。時ならぬ客は韃靼《だったん》人よりも悪いといわれるが、この意味で私たちは奉行にとって確かにタタール人よりも悪かったに違いない》

いかにもロシアの作家らしい表現だ。タタールの軛《くびき》（あるいはモンゴル・タタールの軛）は13世紀に始まったモンゴルのルーシ（現在のロシア・ウクライナ・ベラルーシ）支配をロシア側から表現した用語だ。タタール（タルタル）とは、古代ギリシャの奈落や地獄を意味するタルタロスと発音が似ている。日本ではタルタルステーキがなじみ深い。生の牛肉や馬肉をみじん切りにし、タマネギ、ニンニクなどの薬味と卵黄を混ぜたものだ。血のしたたる生肉を食べる野蛮人、平和な生活を営んでいる住民を斬り殺し、女性をさらっていく遊牧民……というイメージなのだろう。

厄介な相手であればあるほど日本側は食事でもてなしご機嫌を取り結ぼうとする。

「部屋の中には、すばらしくととのえられた大きなテーブルが据えてあり、さまざまな形をした料理や瓶や、マデイラ酒（大西洋マデイラ島に産する赤ブドー酒）からボルドー酒（フランスのボルドー産ブドー酒。赤・白のワインの名品）まで万端整っていた！」

マデイラ酒については、ナポレオンがセントヘレナ島に流される途中でマデイラ島に寄港したが、上陸を拒否され飲みそこなったことがある。

全てがヨーロッパ調の品ぞろえは、オランダ人から借りてきたものかもしれない、とゴンチャロープは記している。プチャーチン提督は会食に奉行が列席するならば、と条件をつけたが日本側が応じないため（拒否して）「断固として通りすぎた」。

「将を射んとする者はまず馬を射よ」と日本側は考えたに違いない。母船に戻るため波止場へ着くと従卒たちが提督一行に出されたと同じ小箱を持っている。

「どこで手に入れたのかね？」

「シナ人が……いや、つまり日本人がくれたのです」

「何のために」

「わかりません」

「わかりもしないのに、どうして受け取ったのかね？」

「もらわないわけにはいかないでしょう？　だって、さあ、これを持って帰ってご主人にあげろといったのですよ」

「どんなふうに言ったのかね？　何語で？」

「自国語です」

「よくわかったな」

「わかりましたとも、秘書官殿。わからないわけはないでしょう？　何かいいながら小箱をよこすんです。つまりご主人の所へもってゆけということです」

音楽兵の中にも、「水を一杯ずつ」振舞われた兵もいた。「素面《しらふ》の音楽兵たちがいくつか暗い視線を私に投げた」。つまりワインにありついた兵とそうでない兵とがいた。この不平等に対して秘書官ゴンチャローフに音楽兵の一部が非難がましい視線を投げつけたのだ。さらに水兵たちは何にもありつけなかったらしく、《日本のもてなしのことを聞きだそうとして、音楽兵たちにうるさくつきまとうのであった》。

日本のO・MO・TE・NA・SHI作戦は、少なくとも「敵兵」の士気をそぎ、命令系統を一部分断する効果はあったようだ。

さてゴンチャローフが乗ってきたバルラダ号の運命は、最初からケチが付いていたようだ。《英仏艦隊による拿捕を危惧して、バルラダ号は武装解除の後にインペラトール湾で焼き払われ、今日まで海底に没している。これ以降、バルラダ号の〈墓参〉は極東地方のロシア海軍軍人の伝統となった》

沈められた原因はクリミア戦争である。トルコ、英、仏相手の戦いは極東に派遣されたバルラダ号に悲劇をもたらした。フィンランド湾のバルチック艦隊の母港を出たパルラダ号は、は

プチャーチン艦隊来航の図

るばる日本までやってきて、最後は極東の冷たい海底に眠っている。20年前に進水した《古い3本マストの帆走船で、船長は52・7m、船幅13・3m、備砲は52門》。

ということはペリーの乗って来た船より少し小さい。一ヵ月前に浦賀に現れたペリーの黒船4隻のうちの旗艦サスケハナ号は外輪式の蒸気船だった。「泰平の眠りをさます上喜撰（蒸気船）」は全長78・3m。何より風もないのにスルスル走る、不気味な要塞のような黒船が恐い！

プチャーチン艦隊は琉球諸島も訪問している。艦隊の二度目の訪日は津波に襲われ、乗って来たディアナ号は沈没した。約500人の乗組員は一人を除いて救助され、伊豆の戸田《へだ》村へ半年滞在する。そして日本人大工の助けを得て船を造る。無事に帰国するまでの物語は日露友好の象徴だ。

英仏に隠れてロシア人が半年間滞在、船を造って脱出

沼津から海岸沿いの道をしばらく辿る。山を越すと戸田《へだ》湾を上から見る場所に出た。湾は平仮名の「の」の天地を逆にしたような形だ。三方を山に囲まれた湾は入口が壺の口のように狭い。昔は松林がもっと茂っていて、中に船がいても外海からは見えなかっただろう。この湾内で初めて西洋式の船が造られた。村には約500人のロシア人が半年間滞在した。

一回目のプチャーチン艦隊の日本訪問から2年後のことだ。今回は作家のゴンチャローフは乗船していない。そこで沼津市戸田造船郷土資料博物館で手に入れた資料を参考にする。現場

を訪問した後読んだ吉村昭の『落日の宴―勘定奉行川路聖謨』が面白かった。以下はこの本や日本大学国際関係学部安元ゼミナール制作の冊子「日露交流の原点　ヘダ号建造の物語」から引く。

プチャーチン提督が2回目に下田を訪れたのは1854年の10月。前回乗ってきたバルラダ号は既に老朽化していたため約2000トンのディアナ号に乗り換えて来た。11月3日に玉泉寺で第一回会談が行われた。翌4日朝8時過ぎ、下田の町を推定マグニチュード8・4の大地震が襲う。大津波により下田湾の水位は13メートルも上がり、856戸のうち無事だったのは18戸のみ。500〜600人が溺死したと言われている。この時の津波の様子はディアナ号に同乗していたモジャイスキーという画家が描いている。下田開国博物館にも写真があった。

「まるで渦巻きの中に投げ込まれた木片のように、艦は回転し、引き裂かれ、打ち叩かれた。索具は音を立てて裂け、舷側は切れ、船体は右に左に大きく傾いた。私たちは恐ろしさのあまり身動きもできなかった！」（ワシーリイ・マホフ「フレガート・ディアーナ号航海誌」）

錨が切れたディアナ号は「粉ひき臼のように回り出した。三十分間に同じ地点を四十回以上も旋回した」。日本の小舟が次々と衝突してきた。ディアナ号から綱を投げるが、「小舟は渦巻く海水で激しくもまれ、沈むものが多く」、3人しか救助出来なかった。ディアナ号は大破した。大砲や武器、弾薬を陸揚げして荷重の軽減を図り、ポンプで水を汲みだすなど懸命の努力を重ねるが、約3週間後に沈没する。それまでの間、砂浜に引き上げて修理する案もあったが、場所がない。英仏の艦隊に見つかってはいけない。攘夷の親玉、水戸藩の徳川斉昭（慶喜の父）は、ロシア人など皆殺しにしてしまえ、と公言している。

ディアナ号が完全に沈没する前、約500人の乗員は一人を除いて奇跡的に無事で、宮島村の浜に上陸した。亡くなったのは大津波の時に甲板で大砲が滑り出し、下敷きになった水兵だった。しかしここに500人のロシア人がいることを隠し通さなくてはならない。人通りの激しい東海道に近づけてはならない。途方にくれている時に、プチャーチン一行が近くの戸田に「最適の湾」を見つけてきた。

日本初の洋式帆船建造

戸田《へだ》？　聞いたこともない地名だ。地図にもなく日本側の誰も知らない湾だった。ここでプチャーチン提督は、ロシアへ帰る船を造ることになった。日本の船大工が協力した。

「造船用の資材は江戸から、木材は千本松原や近辺の松などが使われました。他の村の大工四十人や人夫百五十人、そして、鍛冶職人などが呼び集められ、共に船を作ったのです」（『ヘダ号建造の物語』）

和船と洋式帆船の違いは「竜骨」の存在だった。人間の背骨にあたる部分で船首から船尾まで底を貫いている。和船はただの箱と同じで平底、しっかりした甲板もないので波に弱く沈没しやすい。洋式の新造船はわずか約2ヵ月半で完成した。総長約24・6m、幅7m、87・5トンの、今で考えると小さな船だ。約50人乗りで、特徴といえば、無風の時にそなえて日本の櫓6丁を備えたことだ。こうした船が設計図なしに出来たはずはない。ディアナ号が沈没する前に運び出した荷物の中にロシア海軍省機関誌『海事集録』１８４９年第1号があった。その中にクロンシュタット港の司令官用として設計されたスクーナー船「オープイト号」の設計図が記載されていた。スクーナーとは、２本以上のマストに張られた縦帆帆装を特徴とする帆船の一種である。日本では君沢形と呼ばれるが、これは伊豆君沢郡戸田村で初めて建造されたためである。

ちなみに、この時の船大工の棟梁7人のうちの1人が上田寅吉だ。彼は「その後、長崎伝習所に学び、さらにオランダ留学を果たし、幕府が購入した開陽丸に乗艦して帰国します。新政府では横須賀造船所の初代職長となり、日本海軍初期の軍艦を建造しています」（沼津市戸田造船郷土資料博物館パンフレットより）。

建造を見守ったロシア人たちが驚いたのは日本人大工の腕の確かさである。加工する木材に鉋《かんな》をかけて薄紙の巻物のように削り出すと、声をあげて賞賛した。墨壺にも感心した。板の上に綿を含ませた墨壺を置く。小さな滑車で墨糸を滑らせてすーっと張る。この糸を指でつまんでピンとはじくと木材に直線がはっきりと書ける。

その後、幕府は同じ形の船を戸田村で6隻、石川島で4隻建造した。建造責任者は江川英龍（太郎左衛門。江川家は平安時代から明治時代まで同名で38代続いた）である。江川はヘダ号の出港を見送ることなく病没した。

新造船の名前は最初から決まっていた訳ではない。プチャーチンがヘダ号と命名したのだ。

ヘダ号絵図

彼は日露和親条約を締結した後、約50名の船員とともに3月22日に出港した。時はクリミア戦争の最中だ。津軽海峡からペトロパブロフスクへ回航した時、英軍艦の追跡を受けた。その時役に立ったのが日本で取り付けた6丁の櫓だった。「この櫓をこいで英軍艦を振り切り、ヘダ号はアムール川の河口に辿り着くことが出来たのです。」他の船員たちはアメリカの商船カロライン・フート号とドイツのグレタ号に分乗してロシアに向かった。しかしドイツの船に乗ったメンバーは途中でイギリス艦船に捕まり、しばらく拘禁され、クリミア戦争終結後ロシアへの帰国がかなった。

宝泉寺

戸田湾の奥、海岸から約２００ｍの所に宝泉寺がある。門を入ってすぐ右手に丸いこけしのような形の墓石がある。亡くなったロシア水兵の墓だ。本堂にはプチャーチンの写真などが飾られていた。海辺の道の傍らに大きな石碑があった。ヘダ号造船記念碑だ。ここから日本の近代造船が始まった。晴天なら、戸田湾から駿河湾越し北方に富士山が望めるが、この日はかすんで見えなかった。

ヘダ号造船記念碑

正式な日ロ交渉の始まり

勝手方勘定奉行川路聖謨《かわじとしあきら》とプチャーチンの二人は、時にはユーモラスなやり取りを交わしながらお互いの信頼関係を築いてきた。

川路「私の妻は江戸で一、二をあらそう美人で、それを家においてきたので思い出して困ります。忘れる方法はありませんでしょうか」

プチャーチン「私など、川路殿とは比較にならぬほど長いこと妻に会っておりません。川路殿は辛いと言われるが、私の辛さも察して欲しい」

さらに同席の大目付筒井正憲が口を開いた。

「私を老人と思っては困ります。昨年、新たに一人の女児の父となりました」

吉村昭は『落日の宴』で、「筒井が七十六歳であることを知っている士官たちは驚きの眼をみはり」と、和気あいあいの日ロ交渉の模様を描いている。このほか応接係としては目付荒尾成充、儒者古賀謹一郎がいた。

ロシア人ほどよく食べる者はいない。川路の『長崎日記・下田日記』によれば、「軍師ゴンチャローフ（同乗している作家）はよほどシャレものというがごとき風なる男なるが、いささか酒きげん体にて、夥《おびただ》しく頂戴、という手まねをなしたり。其さま、咽《のど》の所へ手をやり、又頭へ手をやり、やがて頭上へ高く手をさしあげて、うなずきたり」。つまり（料理や酒が）頭の上までつまっている、ということだ。一同ドッと笑った。

プチャーチンは川路に対して「貴殿の顔を写真に撮らせていただきたい。友情の記念として、ぜひ」と頼む。川路は首をふって断り続けるがプチャーチンは聞き入れない。この後の二人のやりとりが面白い。

「私は生まれつきの醜男。老境に入って妖怪のごとくなっております。それを写真にとって、これが日本の男子の顔などと言われては、わが国の美男子たちは心外に思います。私の顔の写真をみてロシアの美人に笑われることはいやです」と言って話題をそらせようとした。

プチャーチンは、笑うこともせず生真面目な表情で、

「ロシアの婦人は、頭脳の良し悪しで男の価値を判断します。美醜を口にするのは愚かしいこととしております故、御懸念には及びません」と言った。

川路は絶句した。自分でも容貌はととのっていないことは知っているが、プチャーチンに慰められるほどひどいとは思っていない。川路の写真を見ると、たしかに「妖怪」の老婆のようだ。両眼がギラリと光り、こちらを取って食わんばかりの凶相だ。プチャーチンは眼光は鋭いが、いかにも豪傑を思わせる。

軍事力においてはるかに劣る日本は、川路の交渉力で協定締結に至った。例えば締結を急ぐプチャーチンに対して以下のようなロシアの不法行為を持ち出し牽制する。

「文化三年（一八〇六）と翌年にロシア艦が樺太、エトロフ、利尻を襲って放火、物資略奪をしたことを口にし、八年には国後《くなしり》島に来航したゴロブニンを日本側で抑留したこと」を述べ

川路聖謨

た。

ロシアとの交渉を振りかえると、この時までに60年の歴史がある。

1792年　第1回遣日使節としてラクスマン来日。大黒屋光太夫帰国。

1804年　第2回遣日使節としてレザーノフ来日。日本側の対応に怒って樺太を焼き払う。

1811年　国後でのロシア人の略奪行為に報復するため、ロシア艦長のゴロブニンを拿捕。2年3か月抑留された。この時の『日本幽囚記』が有名。ロシア副艦長のリコルドが国後沖を航行中の高田屋嘉兵衛を連れ去る。しかし嘉兵衛の努力でゴロブニンは解放された。

1853年　第3回遣日使節としてプチャーチン来日。

レザーノフから数えても半世紀が経っている。

「それ以来五十年近く貴国からは絶えて音沙汰もなく、気の長い御国柄と思っておりましたのに、三、五年お待ち下されと申し上げるのを待てぬとは、何分にも合点がゆきませぬ」とからかった。

「プチャーチンは初めて動揺の色を見せ、かすかに頬を紅潮させる。」

彼は、時勢が急速に変化した、蒸気船の発明が世界をいちじるしく狭くした、と述べた後、

「この長崎港は、日本随一の厳重な警備をととのえているときいておりますが、わが国のフリゲート艦一隻でも容易にそれらを撃破できます」

こうして交渉は一歩も進まない。長崎奉行はなかなか帰ってこない川路らを心配して待っていたが、船内では和やかな交歓が続いていた。プチャーチンは五寸（15センチ）ほどの長さの

ミニ蒸気機関車を持ってきて見せた。その模型は良質の焼酎で動輪を動かしていた。ペリー来航の時はもっと大きな模型を陸上で走らせた。一人のサムライが乗って子供のように喜んでいた、という記述がある。しかし日本人が初めて蒸気機関車の模型を見たのはこのロシア船の中であった。

「実物の動力は石炭で、モスクワからペテルブルグまで日本里数で二百八十里の距離を乗客五百人余を乗せた客車数輌をひいて一日で行く」と聞いて一同は驚いた。この距離は現代に直すと約１１００㎞、当時健脚の男で朝から夕方まで歩いて一日約10里（約40㎞）と推定されている。２８０里では28日、ほぼ一ヵ月の旅程を一日で、しかも５００人を一度に運ぶ！　彼らに追いつくのは一体可能だろうか？　と川路たちは痛感したに違いない。

２００年以上の鎖国が生んだ決定的な技術力の差だった。しかしそれから15年後、明治４年に欧米を訪れた岩倉使節団は、半世紀の遅れ、「最も開けたる英仏にても、此盛を致せるは、僅かに五十年来のことにすぎず」（『米欧回覧実記』）と観察している。

プチャーチンはディアナ号の沈没、戸田《へだ》での船作りと多忙な中、日露和親条約締結にこぎつけた。主な項目は以下の通り。

・千島列島における、日本とロシアとの国境を択捉《えとろふ》島と得撫《うるっぷ》島の間とする。
・樺太においては国境を画定せず、これまでの慣習のままとする。
・ロシア船の補給のため箱館（函館）、下田、長崎の開港（条約港の設定）。
・ロシア領事を日本に駐在させる。等。

内容は日露戦争、太平洋戦争を経て大きく変わった。

プチャーチンと川路との交渉は、170年以上も前の話だ。プチャーチンは日本人に深く感謝した。500人のロシア兵士を救助し、半年間もかくまい、造船を助けてくれた。彼は1883年、80歳でパリで亡くなった。プチャーチン家の紋章には左にロシア兵、右には日本の侍が描かれている。

川路は幕府の崩壊が迫る中で病に倒れた。討幕軍が江戸に迫っていた。明日は江戸城が引き渡されるらしい。翌日、突然、銃声が響いた。家人がかけつける。

「仰向いて横たわっている川路の咽喉から血が息でもするように噴き出ていて、ふとんと衣服を赤く染めていた。右手に短銃がにぎられ、咽喉を撃ちぬいたことをしめしていた」(『落日の宴』より)

1868年3月15日。この年は後に明治元年と呼ばれるようになった。川路聖謨の墓は、東京都台東区池ノ端二丁目の大正寺にある。

2 「ペリーがかんぬきを外し、ハリスが門を開けた」

❖タウンゼント・ハリス『日本滞在記』

米国の初代日本総領事タウンゼント・ハリスが書いた『日本滞在記』。

本書の底本は、坂田精一訳の岩波文庫版（１９５３年）。上中下三巻構成だが、日本に関する記述は中下巻。下巻末尾に12頁にわたり、滞在５年９ヵ月の詳しい年譜がある。

なお、本書底本の著者名は「タウンセンド・ハリス」となっているが、一般的な呼び方に従った。

タウンゼント・ハリス

1853（嘉永6）年、黒船を率いて浦賀に現われたペリー艦隊は、「太平の眠り」を覚ました。3年後、ハリスが米国初代領事として伊豆の下田に領事館を構えた。ハリスは門を開けたが、容易に江戸へ入れた訳ではない。青い眼たちの要求に対して幕府の役人は迅速な対応を見せることはなかった。その場しのぎ、という「のらりくらり」を貫徹!?していた。下田奉行とのやりとりに疲れ果てている様子が日記にくどいほど出てくる。

ハリスは江戸へ行こうと思ってもなかなか叶わなかった。

1857年1月8日（木）

（役人に対して）《彼らは地上における最大の嘘つきである》

1857年5月5日（火）

《サン・ジャシント号が当港を去ってから、もう八ヵ月と三日になる。アームストロング提督は、六ヵ月の中に当港へ再来すると私に約束した。私は不断の憂慮にかられている。私が一八五五年の一〇月頃合衆国を出発して以来、ワシントンから一言の便りもない。アメリカの軍艦が長い間やってこないのはどうしたわけか。…（略）…一隻の軍艦のいないことは、また日本人に対する私の威力を弱めがちである。日本人は今まで、恐怖なしには何らの譲歩をもしていない。我々の交渉の将来のいかなる改善も、ただ我々に力の示威があってこそ行われるであろう》

１８５７年５月14日（木）

《日本では、その他のあらゆる事においても同様だが、「静止せるものは動かすなかれ」の格言を守って、栽培者は自分の作物を隣人のものと比較しようともしないし、前半の自分の収穫とくらべてみようともしない》

イギリスはアジア全部を盗む暴君

ハリスの祖先は英国のウェールズ人。独立戦争の百五十年前に米国に移住した。１８０４年10月４日、ニューヨーク州ワシントン郡サンディ・ヒルに生まれた。祖母は、独立戦争に夫が出征後、一時敵軍に占領されて、略奪、放火などの暴行をうけた。彼女も家を焼かれたので、生涯イギリス人を憎んだ。

１８５５年８月４日付の大統領命令で、日本駐箚総領事に任ぜられた。書記官兼通訳として当時23歳のオランダ人、ヘンリー・ヒュースケンが同行した。

１８５５年10月17日、ニューヨークを出発。ロンドン、パリ、マルセーユ、エジプト、インド、ペナンへ。そこでヒュースケンが同乗し４月２日「外交的手腕をふるうべき国」へ向かう。シャム国において条約改定に成功、５月31日にバンコックを離れ、56年８月31日（安政３年７月21日）に下田に到着。51歳10ヵ月であった。

ペリーの条約（神奈川条約）の第11条の英文には、「この条約調印の日から18ヵ月の後には、合衆国政府は何時なりとも、下田に居住する領事又は代理人を任命することができる。ただし、いずれか一方の政府が、これを必要と認めた場合に限る」とある。しかし日本側は両方の合議によって定めると理解しており、早くも面倒な問題となった。当時の下田港は住家約千軒、人口四、五千人しかいなかった。

ハリスの目的は、下田を足がかりにして江戸へのぼり、エンペラー（将軍）の政府と直々に談判することであった。しかし幕府は直接の交渉をさけて、出先機関である下田奉行に専ら応対させた。

幕府の意図は明らかだった。一時逃れの言辞を繰り返し、責任ある回答をせず、返事を引き延ばしてハリスを「空しく帰国の止むなきに至らしむるにあった」。

幕府と庶民では態度が違う

《この国の人達は温かい態度をもって、明らかに外国人との交際を欲している。しかし、専制的な支配と不易の法律に対して抱いている恐怖の念が、その表現を封じている》

ハリスは庶民が決して外国人との交際を嫌っている訳ではないことを肌に感じていた。正常な国家間の貿易は、国家相互の友愛と信頼によってのみ結ばれ、相互の間に富と幸福と繁栄とをもたらすものでなければならない。これを無視して、シナに阿片戦争をおこしたイギリスの政策を、ハリスは宗教的感情とヒューマニティの観念から憎悪した。

１８５６年5月21日（水）

総理大臣は、（略）言った。《我々はアメリカ人を愛する。なぜならば、彼らは我々に対しても、あるいは東洋の他の如何なる国民に対しても、決して害をなさなかったから》と。それに反してイギリス人は、アジアの全部を略取しつつある貪欲飽くない暴君であった。

『日本滞在記』（中）では、私生活での不満、中国人の召使が阿片を買い占めた話などが出てくる。ハリスの愛人とされる「お吉」は作り話だ。実際にハリスの身辺にいた訳ではない。最初に連れて来られた時に、顔に吹き出物があった。ハリスは性病を疑ったようだ。彼は生涯女性を近づけなかった。異国の地で話し相手は通訳のヒュースケンしかいない。しかし心を許し合ってはいなかった。

江戸へ向かう前のハリスの日記に戻る。ハリスは下田に留まっている。なかなか江戸へ上り将軍に拝謁する機会を得ないまま、むなしく時を過ごしている。

１８５６年11月16日（日）

《私は日曜日ごとに、合衆国のプロテスタント派エピスコバル協会の祈禱書を必ず読むことにしている》

１８５６年11月22日（月）

《料理人と裁縫師が阿片を全部買って持ち帰った。料理人の方はシナ流に精製して吸煙に適するようにするため水に溶かしてしまっていた。牢獄の方がよいか、その薬を引き渡す方がよいか、そのいずれかをえらぶかというと、彼はようやくそれを手放した》

ハリスついに星条旗をひるがえし江戸へ

１８５７年11月23日（月）

《今朝八時に、私は江戸への旅に出発する。私は馬に乗った。ひじょうに天気の良い朝であった。私の旅の重大な意義を考え、江戸へ上ろうとする私の努力が成功をおさめたことを思うとき、じつにあふれるような生気をおぼえた。アメリカの国旗が、私の前にかかげられた。私はこれまで鎖されていたこの国に、この旗をひるがえすことに、本当の誇りを感じた》

１８５７年12月１日（火）

《信濃守は、大君は閣老会議の検査と承認をへなければ、些少の贈物なりとも、これを授受することはできないと語った‼　私はこの一事によって、大君は単に幕府の『傀儡』にすぎず、一握の政治権力さえも持たぬことを確認した》

英文の聖書を初めて読み上げる

１８５７年12月６日（日）

《今日は降誕節における二度目の日曜日である。ヒュースケン君に同席してもらって、私は人にきこえるような声で、祈禱書の全部をよんだ。この家の紙のドア（障子）をとおして、我々の声はこの建物のあらゆる部分できかれることができたろう。これは疑いもなく、英文の聖書が、あるいはアメリカのプロテスタント監督派（エピスコパル）の祈禱書がこの市でよまれた最初のものであった。このことを思うと、万感が胸にせまる。（略）今こそ、日本人の残酷なキリスト教迫害に対して、最初の打棒が加えられるのだ。（略）私はまた、踏絵の慣習の廃止をも要求するであろう。この踏絵については、オランダ人は卑劣にも、この二三〇年間一言の抗議をも行わずに看過してきたのだ》

殿中で大君に謁見

１８５７年12月７日（月）（歌舞伎の舞台でしか見られないような場面が描かれる）

《その時、一人の侍従が高声で、『アメリカ使節！』と叫んだ（略）》

《陛下よ。合衆国大統領よりの私の信任状を呈するにあたり、私は陛下の健康と幸福を、また陛下の領土の繁栄を、大統領が切に希望していることを陛下に述べるように命ぜられた。私は陛下の宮廷において、合衆国の全権大使たる高く且つ重い地位を占めるために選ばれたことを、大なる光栄と考える。そして、私の熱誠な願いは、永続的な友誼の絆によって、より親密に両国を結ばんとするにある。よって、その幸福な目的の達成のために、私は不断の努力をそそぐであろう》

《ここで、私は言葉を止めて、そして頭を下げた。短い沈黙の

登城するハリス　左から大目付、下田奉行、ハリス、ヒュースケン、通詞

のち、大君は自分の頭を、その左肩をこえて、後方へぐっと反らしはじめた。同時に右足をふみ鳴らした。これが三〜四回くりかえされた。それから彼は、よく聞こえる、気持ちのよい、しっかりした声で、次のような意味のことを言った。遠方の国から、使節をもって送られた書簡に満足する。同じく使節の口上に満足する。両国の交際は、永久につづくであろう》

1857年12月12日（土）（外国事務相を訪問、2時間以上の演述を行う）

《私はスチーム（蒸気）の利用によって世界の情勢が一変したことを語った。日本は鎖国政策を放棄せねばならなくなるだろう。日本の国民に、その器用さと勤勉さを行使することを許しさえするならば、日本は遠からずして偉大な、強力な国家となるであろう》

幕府上層部はミカドを軽視している

1858年1月28日（木）（日本委員—幕府の上層にある文官連との議事において）

《京都は割りに貧弱な場所である。その人口は、ケンペルの述べているような五〇万ではなく、二五万もない。それは、僧侶と寺の市にすぎない。彼らは、ミカド（帝）について殆ど軽蔑的に語り、日本人がミカドに払った尊敬について私が若干の言葉を引用したとき、彼らは呵々と大笑した。彼らの言うところによれば、ミカドは金も政治権力もなく、日本で尊重される何ものでもない。彼は一介の価値なき人にすぎぬと》

1858年2月27日（土）

ここで日記は中断。ハリスは重態に陥った。

1858年6月9日（木）

「彼らは二ヵ月を承認することを拒否する」などの断片的な記述をもって日記は終わる。

（以下は後記より抜粋して紹介）

ところが、ここに突然、条約の調印を促進するような事態がもち上がった。6月13日（西暦7月13日）に合衆国の汽船ミシシッピー号が下田に入港して、最新の情報をハリスにもたらした。それは、イギリスが既にインドの反乱を鎮定し、イギリスとフランスの連合軍はシナを完全に屈服させた。その余威に乗じて連合の大艦隊を編成し、鋭鋒を日本に向けて航行しつつあり、ロシアの艦隊もこれにつづいて至るであろうというのであった。

ハリスの烱眼は、この事態こそ条約の成功にとって正に乗ずべき外交的契機であると看てとった。同時に一刻を猶予すれば、自分のこれまでの労苦は水泡に帰すると考えた。西洋諸国の眼から見れば、太平洋上のこの小島国は全くの無防備状態で、軍艦も、大砲らしいものもない。イギリスとフランスの連合軍がこの国を揉みつぶすことは、シナの場合よりも容易であろうし、かくては大統領の友好的な親書も世界の物笑いとなり、本国の不名誉とハリス自身の無能をさらすことになるであろうと。

タウンゼント・ハリスは帰国後も独身者（彼は生涯妻帯しなかった）として、ニュー・ヨーク市4番街263の質素な下宿屋に、友人や親戚から離れてその晩年をおくった。彼が1878年（明治11年）2月25日に（74歳の高齢で）死んだとき、「彼は書籍や文書にかこまれていたにちがいない」（コセンザ博士編『タウンセンド・ハリスの完全な日記』）

《ハリスほどの几帳面な人が、その長い間の日記を全く怠ったものとは考えられない》と記している。《どこかの、誰かが、これらの貴重な「失われたブックス」(lost books)をなお発見するかもしれないということに、我々は望みをかけよう》(コセンザ)

イギリスの初代駐日公使オールコックの『大君の都　幕末日本滞在記』(後述)は、ちょうどハリス以降の日記の不在を補っている。

ハリスの条約締結への努力については以下のように記している。

大英帝国がフランスと組んで、中国における要求を遂行するために大軍を集結させていること、ヨーロッパの通商と企業のためにこの国の諸港をいっそう効果的に開かせようとして、近々英仏両国とロシアまでもが、全権を派遣するという風評、こういったことはすべて疑いもなく、アメリカ代表の主張するおだやかな議論に重みを加えた。

ハリスの僥倖は、『日本滞在記』の後記にもあるように、ミシシッピー号の再来であった。「動く要塞」黒船は圧倒的な武力で迫る。さらに英仏連合軍が中国を屈服させたという情報は幕府を脅えさせ、条約調印を急がせた。

ハリス『日本滞在記』には、下田奉行や江戸幕府との不毛のやりとりが延々と綴られている。外交史において重要な資料には違いないが、同行の通訳・ヒュースケンの日本日記に比べるとつまらない。ハリスによればヒュースケンは「食べること、飲むこと、眠ることだけは忘れないが、その他のことはあまり気にしない」人であった。

3　ヒュースケン暗殺
——恐怖の夜が続く

❖ヘンリー・ヒュースケン『ヒュースケン日本日記』

日米修好通商条約調印時の米国全権使節ハリスの通訳を務めたヒュースケンの完全な日記の草稿は長らく知られていなかった。ドイツ語訳の底本であるフランス語草稿が１９５１年にオランダで発見された。まもなくオランダ語草稿も見つかり、英語に翻訳された。この２つのヒュースケン研究が合流しまとめられた英語版が１９６４年に刊行されている。

本書の底本は、この英語版から訳出した青木枝朗訳の岩波文庫版（１９８９年）。

「馬に乗るごとに、かならず危険が迫っていることを意識し、床にはいって目をとじるごとに、こんど目をさますのは最後のときで、のどには執念深い刃を擬せられ、殺害者の凶暴な喚声を耳にせざるをえないようになるかも知れぬと感じるようなことは、愉快な生活状態ではないし、幸福にも健康にもまことによろしくない」（オールコック著『大君の都』中）

ヒュースケンもまったく同じ環境にあった。しかし彼は無防備だった。日本政府も本気で護衛にあたっていたかどうかは疑わしい。『大君の都』には、彼の馬の前には役人が先行し、大君の紋章がえがかれたちょうちんを下げ、後ろには二人の役人が従った、とある。外交官に対する警護、というより監視の役割が主だったようだ。はたしてその夜、この役人３人は暗殺者と闘ったのか？　ヒュースケンがアメリカ公使館（善福寺）近くへさしかかって間もなくのことだ。

「夜のしじまを破って凶暴な叫び声が起こり、待ち伏せていた六、七名の一団が隠れ場所から、抜身の刀をひっさげておどりだしてきた。かれらは、二手に別れ、主力はヒュースケン氏をおそい、もう一方は刀のひらで役人ののっている馬をなぐりつけ、ほとんど立ち去れと命令するいとまもなしに追い払った。うしろからついてきた２名の役人も、それと同じようなすばやさで、別の方向へと姿を消した」

つまり役人たちは責任放棄して逃げ出したのだ。なぜこのようなことが分かるかというと、ヒュースケンは重傷を負いながら逃げ出すことに成功した。「腹部を恐ろしく切り裂かれ傷口からは内臓が出かかって」血の海のなかで倒れていた。ながいことたってから「大君の紋章」

を持っていた「勇敢な」（とオールコックは皮肉っている）護衛が助太刀を連れてもどってきた。先に公使館へ運ばれていたヒュースケンは1、2時間後に絶命した。苦しい息の下で彼は暗殺時の状況を語ったのだ。

一方、役人たちは責任を果たしたことを強調した。「すくなくとも三〇人におそわれ、そのような極度の劣勢にもかかわらず、最後までかれのそばにとどまり（略）」と言った。しかし「瀕死の人の証言はあまりにもたしかで、はっきりしていた。こんどは、政府でさえも、不思議なことに役人の報告をうけいれることをためらった」。

これを記したオールコックも一年前には白昼に通訳（伝吉）を殺されている。そして自らも翌年、公使館で（！）襲われている。

明治維新はフランス革命などと比べて犠牲者の少ない「革命」であった、と評されることがある。しかし、西欧の外交団は決してそのような印象は持たなかっただろう。ヒュースケンが殺されて「四日目（12月8日）に、各国外交団と神奈川の全領事は、殺害された人の葬儀に参列してほしいとの招請をうけて、アメリカ公使館に参集した。このときにアメリカ公使（注・ハリス）は、日本政府より、もしあくまで遺体につきそって墓地（光琳寺）にゆこうとするならば、われわれじしんの生命も失われるおそれがある旨の警告を受けた」。

悲しむべき臆病さと弱気、と著者は指摘している。当日は不意打ちをふせぐための予防措置は何もなく、兵士もひとりも招集されていない。これは日本政府のいやがらせではないか。

「飲む・打つ・買う」（?）のヒュースケンの評判

「婦人はもっとも完璧な創造物」

ヒュースケンについては、ハリスに付いてきた通訳、27歳で暗殺された、という知識しかなかった。なんとなく線の細い脇役と思い込んでいたが、実際には豪放磊落《ごうほうらいらく》の人気者だったようだ。ハリスの公式な日記とは違い、ヒュースケンは自由に航海中や滞在中の出来事を記している。ケープタウンに立ち寄った時のこと。艦上で舞踏会が催された。以下は『ヒュースケン日本日記』より。

《大砲はぜんぶ取り片づけられ、マストは旗と花輪で包まれ、美しく着飾ったテントが立てられていた。ケープタウンとその近在の美女たちが、そこに集まっていた。彼女たちは思いこがれるような目つきをして、長い黒髪がその白い喉首にまつわりついている。上等な布地で仕立てられた白いドレスは、彼女たちの優美な体の線や、音楽に合わせて軽やかに踊っている小さなシンデレラの足を、包みきれぬようにあらわしていた》

思いこがれるような目つき、長い黒髪、白い喉首、優美な体の線、小さなシンデレラの足…とヒュースケンはまるで美女たちを視姦しているようだ。その後、オランダ人一家に招かれ、愛らしい少女に庭園や葡萄畑などの領地を案内された。少女の「銀の鈴を振るような声」と「女らしい心づかい」にイカレテいる。

《この婦人という有益な存在から離れてすごさねばならない生活の、いかにあじけないことか。（略）婦人を忌み嫌う者は、したがって、もっとも完璧な創造物を介して、その作り主を嫌っ

ていることになるのだ》

　つまり女性を嫌っている男は、神の教えに反していることになる。これは明らかに上司のハリスに対するあてこすりではないか。ヒュースケンとハリスは28歳の歳の違いがある。遊び盛りのオランダ出身の若者と、聖書を読み仕事に励むアメリカの中年のベテラン外交官。気質の違いから神経をすり減らすこともあったようだ。ハリスは一生女性を遠ざけ、死ぬまで独身で過ごした。ハリスと唐人お吉の物語は有名だが、事実ではない。ハリスは「身の回りの世話のため」送りこまれた女性たちを拒否した。が、ヒュースケンは断らなかった。このほかにも4〜5人の女性と付き合っていたようだ。

『アーネスト・サトウと倒幕の時代』（孫崎享著、現代書館）には次の記述がある。

「庭野吉弘氏は『東日本英学史研究』第10号の中で〈ヒュースケンという人物〉を寄稿し、そこで『日本に滞在中にヒュースケンが関係を持ったとされる女性には、お福、おきよ、おまつ、おつる、そして芝浦の万清茶屋のお里（こちらはヒュースケンの淡い恋心だけ、とも考えられているが）などがいる』と書いています」

　当時は金持ちが妾を持ったりすることは、責められることではなかった。庶民は金を貯めて女郎屋に通い、身分の高い者はもっと自由な性欲の処理が可能であった。幕府は最初の頃こそやっきになって外国人の上陸を制限したが、ヒュースケンのように滞在が許された者の屋敷には、お吉のように幕府が送りこんだスパイ＋家政婦＋αの役割を担った女性たちがいた。ほとんどの男が「神のもっとも完璧な創造物」を拒否する性癖はない。

そもそも日本では皇室自ら男女の恋を歌い上げることに熱心だった。『新々百人一首』（丸谷才一著、新潮文庫）の対談で、林望と丸谷才一は次のように語っている。

「林　世界の中ではごくごく例外的な王権のシステムでしょうね。神御一人《かみごいちにん》から下々の熊さん八つぁんに至るまで、この国は日々色恋なしで明けも暮れもしなかった。

丸谷　ところが明治以降、『教育勅語』で国民に教えたのは、親孝行しろとか兵隊になってがんばれとかいったことばかりです。そんなことを別に天皇が教える必要はない。恋愛の作法をまず説くべきでしょう（笑）」

渡辺京二は『逝きし世の面影』（平凡社）で、はっきりと指摘している。

「買春はうしろ暗くも薄汚いものでもなかった。それと連動して売春もまた明るかったのである。性は生命のよみがえりと豊穣の儀式であった。まさしく売春はこの国では宗教と深い関連をもっていた。」

ヒュースケンは、そんな「おおらかな」性風俗の国に乗り込んで来たのだ。堅苦しい上司と止むをえず一緒に仕事をしているが、ストレス解消は酒だ、女だ、と走るのはよく分かる（彼は「ゲーム」はやらなかったようだ）。

「やってられないスよ、ボスのハリスは。毎日聖書読んで何が面白いんスかね。パーッとやりましょうよ、パーッと。江戸っ子は宵越しの金は持たねえ、江戸っ子の生まれそこない金を貯め」なんてことをヒュースケンが言うはずはないが、オランダ人にしては珍しく享楽的な面があったようだ。暗殺される前、４ヵ月も毎晩のようにプロシャ代表部を訪問し、夜８時から11

時頃帰る習慣だった。そこを狙われた。

仕事の打ち合わせもあったろうが、異国での寂しさを忘れるためにプロシャ代表部のメンバーと酒、女を楽しんだのではないか。それは一時しのぎの麻薬であった。お福、おきよ、おまつ、おつるなどと過ごした快楽の一瞬は、暗殺の恐怖を打ち消すに十分だったろうか。ヒュースケンは「やはり肌の熱き血潮」にふれながらも常に絶望的な気持ちが消えなかったに違いない。

恰幅のいい通人すぎるヒュースケン

彼が初代アメリカ総領事ハリスの通訳として大事な役割を果たしたことを書き落としてはならない。日記の前半は日本までの寄港地の風景が画とともに紹介される。ヒュースケン自身が描いた画もある。後半はハリスと共に奉行たちを相手に不毛な対話を重ねる日々を綴っている。しかしハリスの日記と違い描写は生彩に満ちている。ヒュースケンの日記はフランス語、オランダ語で書かれていて、後に英語に訳された。１８３２年１月20日、アムステルダムに生まれた。１８５３年（ペリー来航の年）にアメリカに移住。

「衣服や靴がすりきれても、修繕する金はなく、温かい食事を腹いっぱい食べることなどは思いもよらなかった」（『ヒュースケン日本日記』訳者まえがき）

日本へ行くハリスが英語とオランダ語の出来る通訳を求めていることを知り、採用された。鎖国の日本はわずかにオランダと中国しか接触はなかった。彼は１８５５年10月にニューヨークを出発、アフリカ沖のマデイラ島、ケープタウンを経てインド洋へ入る。マデイラ島の次に

ヒュースケン乗馬図

セントヘレナに寄港しないことを知ってくやしがる。ナポレオンが過ごした流刑の島を見たかったのだ（ナポレオンは1821年歿）。モーリシャス、セイロンなどを経てペナンで先に到着していたハリスと合流。以降はシンガポール、バンコク、香港、広東、マカオを経て1856年8月21日（安政3年7月21日）に下田に到着した。50歳のハリスは立場上、自由にあちこち出歩くわけにもいかない。

「それで結構。女などには興味がない、近寄らない、近寄らせない。日曜日は絶対に仕事をしない。聖書を読んで過ごす。これが常識。ヒュースケン君はありゃオランダ人か、プロテスタントか、ケチの代表みたいなオランダ人とはまったく違うじゃないか。遊び回ってばかりいやがって」（この発言は緒方の想像ですよ、念のため）

ヒュースケンは、「外交上手」のおかげですっかり日本の国情に通じ、単なる通訳以上の存在となった。条約を求めに来るヨーロッパ各国の使節団に対して先達の役割を果たした。「プロシャの使節団とは特に親しくなり、毎日のように宿舎を訪れては夜更けに帰ることが続いた。これが折から激化してきた攘夷派のテロ活動に恰好の目標」となってしまった。乗馬を日課としていたがあまり上手ではなかった。ある時、落馬して頭から血をしたたらせながらも乗っていた。《日本の役人が驚いていると、『こうして馬に乗っていれば日本の女性がよく眺められる』のだとあけすけに語った》《恰幅のいい男で、通人すぎる男でもございましたよ》と領事館のボーイは語っている。

「西洋の人々が彼らの重大な悪徳をもちこもうとしている…」

西洋諸国の圧力のせいで日本は開国を不承不承受け入れた。

それで良いのか、とヒュースケンは考え始める。

《しかしながら、いまや私がいとしさを覚えはじめている国よ、この進歩はほんとうに進歩なのか？　この文明はほんとうにお前のための文明なのか？　この国の人びとの質撲な習俗とともに、その飾りけのなさを私は賛美する。この国土のゆたかさを見、いたるところに満ちている子供たちの愉しい笑声を聞き、そしてどこにも悲惨なものを見いだすことができなかった私には、おお、神よ、この幸福な情景がいまや終りを迎えようとしており、西洋の人々が彼らの重大な悪徳をもちこもうとしているように思われてならないのである》

この頃、ヒュースケンは外へ出れば投石されたり（役人が裏で扇動）、酔っ払いに道をふさがれたり（只の酔っ払いではなく両刀を携えた武士または浪人）している。そして日常の仕事の相手は嘘付きの役人たちだ。ヒュースケンの日記には暗殺の危機も、いやがらせにもふれない。かえって西洋の悪徳が日本をひたしてしまうことを憂えている。

冷淡なハリスの態度

ヒュースケンの暗殺後、ハリスは「ワシントンの当局に報告したのと同じように、ヒュースケンが分別を欠いて夜間しばしば外出し、暗殺者の乗じやすい、型にはまった行動をくりかえしたことを強調している」(『ヒュースケン日記』英訳者の解説より)

生命の安全が確保されないのに業を煮やし、イギリス、フランス、オランダ、プロシャの代表部は抗議のため江戸から横浜に退去した。しかしアメリカのハリスのみが江戸に残った。

ハリスはまた、ヒュースケンの墓に名前と生歿しか誌さない墓石を置いたことでも非難された。それより先にイギリス公使館は、ラザフォード・オールコックの雇った日本人通訳(伝吉)の墓石に、日本人の刺客に襲われた事情を刻みつけた。

ヘンリー・ヒュースケンは29歳の誕生日を前に、薩摩の侍たちに襲われ殺された。墓は東京都港区南麻布4丁目の光林寺にある。

4 美しい日本
——危険な役人たち

❖ラザフォード・オールコック『大君の都—幕末日本滞在記』

イギリスの初代駐日公使ラザフォード・オールコックが1859年の来日から1862年の帰国までの3年間を記録した日記。

本書の底本は、山口光朔訳の岩波文庫版（上中下巻、1962年）。本書には地図2枚と挿絵144葉が収録されているが、その大部分（とくに前半）はオールコック自身が写生ないし日本の木版画を模写したものである。これらは幕末期日本の風俗を知るための貴重な資料である。

ラザフォード・オールコック

英国公使の幕末大活躍物語

ラザフォード・オールコックは1859年（安政6年）から1862年（文久2年）まで、イギリスの初代駐日公使を務めた。その間の記録が『大君の都―幕末日本滞在記』上中下（岩波文庫）である。オールコックはイートン校を卒業後、外科医としてキャリアをはじめ1836〜37年には軍医としてスペインに滞在している。

外交官としてのスタートは1843年に一等書記官として中国のアモイ、翌1844年には福州領事、1846年に上海領事、1856年には広東領事。このときにアロー号事件が起こり活躍した。そして1859年、50歳の時に江戸に赴任した。1853年に妻に死別され1862年には再婚している。この時の日本滞在は独身をとおした。1862年に一時帰国し、1864年春に戻るが、「同年末の四ヵ国艦隊による下関攻撃の件で本国に召喚される。そして翌年に中国公使に転出され、1871年に引退した」。つまり27年にわたって中国、日本、中国と外交官生活を続けた。その後も1876年には王立地理学協会会長、1878年にはパリ万博のイギリス代表、さらに北ボルネオ会社の設立に参加した。「いったい、このような活躍ぶりはどう理解すればよいのであろうか」と訳者の山口光朗氏は驚いている。

滞在記は全体で39章、付録を加えて約1300頁に及ぶ。挿し絵も多く、愉しめる。外交官だからイギリスの国益を代表するのは当然だが、全体的にいかにもイギリスの知識人らしい見識が見られる。

「日本は社会制度の面ではイギリスの12世紀ごろの状態に似ている」、いわゆる幕藩体制を「東洋的なマキャヴェリズム」だとオールコックは指摘する。この本はきわめて「遅れた社会状態の日本を対象として書きなぐった文明批評」ともいえよう。

「日本をして真に平和的・友好的な対外関係を樹立せしめるためには、封建制度が根底からくつがえされて新たなる政治体制ができなければだめだ。これが、彼の三か年間の在日生活をつうじての結論であった」

オールコックが綴った39章のうち特に私の印象に残る部分をピックアップする。彼の眼だけでなく当時の英国がどうだったか、日本へ赴任した事情、アメリカ公使（ハリス）との協力や争いなどを記す。一国だけの内部を見るのではなく、取り巻く環境も垣間見る。

アンドラはヨーロッパの日本

彼は、ヨーロッパの読者のために、次のような比喩で日本を紹介している。

「アリエージュのピレネー山脈とカタロニアのピレネー山脈のあいだに、四面を山にとり囲まれた小さな共和国（アンドラ）がある。かれらは貴族の民族であって、一〇世紀のあいだ周囲のすべてが動き変化していたというのに、一民族として孤立した存在と不動性を変わりなく持続してきた。そして奇妙に思えるかも知れぬが、『このアンドラの地主ほど、封建的貴族論を完全に受けいれているものはない。この地主たちには、ぜいたくと教育というものがいちじるしく欠けている。かれらは先祖が征服した土地を、いぜんとして支配し守っている』とのことである。アンドラはヨーロッパの日本だ」

オールコックが日本に来たのは１８５９年。アメリカのペリー来航から6年後のことだ。イギリスでは産業革命が進み、１８６３年にはロンドンに地下鉄が走っていた。おそるべし。日本はその頃、文久３年だ。しかし良いことばかりではない。最初の頃は「まだ地下の浅いところを走り、トンネルも煉瓦で、蒸気車が使用されていたため空気汚損がひどく、換気が大問題となっていた」(モリス「ユートピアだより」『世界の名著52ラスキン』中央公論社)。地下のトンネルを蒸気機関車が走ると車内の客は煤だらけになる。モリスは地下鉄の車両のことを、「せかせかした、不満そうな人間の蒸しぶろ」と呼んだ。不快なのは車両内ばかりではない。地下から吹き上げる煙はロンドン中を汚す。登場人物ハモンドの説明を聞こう。

「イギリスはかつては、森林や荒蕪地《こうぶち》に囲まれて切り開いた開拓地を中心に、その間に、封建諸侯の軍隊の砦《とりで》があり、人民のための市場、そしてまた職人たちのあつまる場所でもあるわずかな都市が点在するといった国であった。それがやがて、巨大な汚染された工場群と、それよりもっとよごれた賭博の巣窟。そのまわりをとりまいて、その工場の工場主たちによって強奪される、手入れの悪い、貧乏に打ちのめされた農地があるといったような国になってしまったのです」

オールコックが到着した頃、幸いに日本にはまだ工業文明やそのもたらす汚染はなかった。

美しい日本、しかし役人たちは？

《この壕には、ちょうどこの季節には、何千羽という野鳥が、しずかに住みついている。これらの鳥をいじめたり、射ったりすると死刑に処せられるので、鳥たちはほとんど飛び立つ必要がないほど安全である》

これは「大君の城をとり巻くひろい壕と壕のあいだ一帯にある大名の邸宅付近」を見た印象である。日本の自然は豊かでオールコックの心を癒した。

《これほど土地が肥え、観賞用の樹木がみごとに生育し、木の葉がゆたかで変化に富み、生垣・木陰の細道・庭園・寺院の無数の遊園地などの手入れがきちんとゆきとどいているところは、イギリス本国をのぞいてはどこにもない》

オールコックは日本滞在中、独身を余儀なくされていた。50歳から53歳までの3年間である。次のような光景は妻を失ったさみしさをいくらか慰めたに違いない。

「目にうつる景色はみな、すばらしい美と変化にとんでいた。春たけなわともなれば一面に花ざかりとなる。その花は芽をだしたばかりの葉を、いちだんと引き立てる。生垣《いけがき》は、ヨーロッパでは見たこともないような多くの花をつけている灌木でつくられており、ときどき目を楽しませてくれたり、よいかおりをただよわせたりする」

動かない花と緑はきれいで優しいが、動く人間は危険きわまりない。

野鳥（『大君の都』より）

「危険な階級」の実例
（『大君の都』より）

「実際のところ、ある身分の者は全部、恐ろしい二つの武器を帯のところから突き出しているので、はたして文官というものがいるかどうかということは疑問である。（略）かれらは酔っ払って、いばりちらしていることが多い。外国人は『犬畜生』と同じで隙あらば狙われる」

　赴任して間がないころに、オールコックが日本の外国掛閣老にあてて書きおくった公文書を見てみよう。

「閣下は、日本のこの首都において、役人という身分にあるものが恐るべき武器をわきにたずさえたまま、凶暴なまでに酔っ払って街頭を歩きまわるのを阻止する手段はないといわれるのであろうか」

テロリストに狙われる日々

「一月、通訳の伝吉が殺された。これは、口論もけんかもなんの直接的な挑発もなしに公道上で行われた三度目の凶悪な殺人であった。そのうちの二つは白昼に堂々と行なわれ、明らかに周到かつ計画的な暗殺であった。その6時間もたたぬうちにフランスの代理公使が住んでいる寺が火事になった」

　外国人が大虐殺にあっている。その脅威は減ったわけではなくさらに身近に迫っている。オールコックの少将（ジョーンズ）あて公式書簡より。

《日本政府の通告するところでは、かれらの確実な情報によると、横浜から数マイルない数リーグ以内に、およそ六〇〇名の浪人の一隊が集結し、横浜の外人墓地を焼き払い、一挙に貿易を壊滅させ、商人を殺戮し、それと同時に、あるいはそれに引きつづいて、公使館およびその館員を襲撃しようと企てているとのことである》

このときちょうど（注・1860年―万永元年の暮れから）イギリス艦隊の日本訪問が実現し、ジョーンズ少将の軍艦アンペリオールズ号、二隻の蒸気コルベット型艦、スカウト号とエンカウンター号が江戸に来ていた。しかしジョーンズ少将はエンカウンター号のみ横浜の投錨地に残しておくことにした。本当はオールコックは軍隊を上陸させて公使館に駐屯してほしかったのだが。

危険が迫るなか、白昼、イギリス公使館の旗竿の下で通訳（伝吉）が暗殺され、いままた米国公使館のヒュースケンが襲撃され殺された。犯人はいずれも刑を免れている。そこでイギリス・フランス・プロシア・オランダの４ヵ国代表は、旗を巻いて一時横浜に撤退し、断固たる抗議を行って解決を求めようと決定したのである。イギリス公使館で働いていた伝吉は手厚く葬られた。アメリカ公使館でもっと重要な地位にあったヒュースケンに対しては、ハリスはそれなりの配慮を示さなかった。それればかりか４ヵ国の抗議を無視するかのようにアメリカ代表のみが江戸に居残る。オールコックは不満であった。殺された使用人に対する思いの違いばかりではない。アメリカのハリスはなぜ一人だけ我々に協調して動かないのか。幕府を利するだけではないか。オールコック、そして後任のパークスの時代はまだ大英帝国の方がハバを利かしていた。イギリスとアメリカの「対立」はしばらく続く。

外国人では初めて霊峰富士へ

オールコックにとって不思議だったのは、富士登山が「時と金が絶対に必要で」あるにもかかわらず「そのいずれをも手にいれるのがもっとも困難であるはずだと想像しうるような貧しい階級の人びとばかりが登山している」。閣老たちがオールコックの富士登山に強硬に反対した理由のひとつは以下のとおり。

富士登山（『大君の都』より）

《いやしくもイギリス公使の肩書を有する者が、法的にではなくとも、慣習的に下層階級の人びとだけにかぎられている巡礼に出かけることは、ふさわしいことではない》

「閣老たち」支配者階級にとっては、庶民の巡礼だの信仰だのの「世迷いごと」はさっぱり捨て去らなければならなかった。ところが「霊峰富士」への信仰は昨日今日出来上がったものではない。古来から「遙拝」の対象であった。「富士山の火山活動が活発化した8世紀末、繰り返す噴火を鎮めるため、富士山の火口に鎮座する神を『浅間大神《あさまおおかみ》』としてまつり、富士山そのものを神聖視するという独自の信仰が生まれた」（『世界遺産大事典』上、ＮＰＯ法人世界遺産アカデミー）。

２０１３年に世界文化遺産として登録された富士山の正式登録名は「富士山―信仰の対象と芸術の源泉」。自然遺産としては認められなかった。円錐形のきれいな姿は富士山ばかりではない。火山はみな同じような形をしている。もっと大きく自然豊かでゴミもなく人里離れてそびえ立っている美しい山はほかにもある。しかし日本にとっては富士山は特別の山だ。16～17世紀には修験道の地として修行が盛んに行われた。のちには「富士講」と呼ばれる山岳信仰の基盤となる組織もできた。青い目の外国人たちも初めて見る富士の姿に神々しいものを感じた。そこに登ろうとする者は「科学的精神」に芽生えた西欧人か、それとは縁遠い「貧しい階級」だけであった。

オールコックたちを阻んだもっと大きな理由は、「現在の支配者たちの全政策が」外国人はどこにも出かけてほしくない、民衆との接触は出来るだけ制限したい、ということだ。《ヨーロッパの理念や主義や思潮の浸透はこれまでに普及しているものとは相いれず、破壊的だと感じられたので、かれらはそれらをうけいれることは好ましくないと考え、力のおよぶかぎりその浸透を阻止しようとしている》

幕府は、最初はオールコックの登山に対して「あくまで妨害」を試みる。そのためには１００年に一度？　の災害まで持ち出す。ときどき山が巨大な亀裂を生じて、軽率な旅行者をのみこんでしまったと。ところがオールコックはまったく相手にしない。「あらゆる困難にもかかわらず、外国代表としてはじめて旅行の権利を保証している条約の条項を実際に行使せんとするこの企て」についに成功する。

《ここで注目すべきことは、かれらがけんめいにたたかって負けた瞬間から、結果を不可避だとうけとってすこしのいやな顔をせずに『屈辱を耐えしのんでいる』ように思えることだ》

幕府の役人は、あらゆる妨害の努力がついえると、一転して協力する。結果は…副奉行一行が同行し、「30頭の馬とともにすくなくとも100名の人数からなる行列ができあがってしまった」。こうしてオールコック英国公使は外国人では初めての富士登山という名誉を担うことになった（外国人女性では後任のパークス公使夫人が初めて）。

遊女から天皇まで—日本の女性の地位

女性の社会的地位、芸術と文化の影響などについてオールコックは記す。

《日本では人身売買がある程度行なわれている。……いまのところ、われわれは、日本の政治組織や制度のなかにあるこうした害悪が有する破壊的な結果を弱めるような独特の力としては、どういうものがあるかということをみいだせないかもしれぬ。中国と同様に、母親は息子にたいして他に例がないほどの、そしてどの点から見ても異常なほどの、権威をもっているが、これが多少とも均勢をとる力になっているにちがいないとわたしは信じている》

中国でも朝鮮でも日本でも、息子たちは母親に頭が上がらない。夫は妻に支配されている（場合が多い）。本来、弱者と思われている女性が男性より権力を持っている（場合がある）。夫婦喧嘩は一言でおさまる、と豪語している噺家がいた。故・春風亭柳昇師匠だ。その一言とは？「俺が悪かった」。これはまた別の「均整（バランス）をとる力」かもしれない。

「女ですら天皇の位を継いだ例は、昔も今もひじょうに多いが、このように女がその位を継ぐ権利もまた、均勢力のひとつかもしれない」（オールコック）

『天皇論「日米激突」』（小林よしのり、ケネス・ルオフ、小学館新書）の対話が面白い。

ルオフ「女性活躍推進法を作っても、女帝は認めませんね。明らかに矛盾です」

小林「女の血は尊くないいんですよ。彼らにとっては。わしは、そもそも血の論理が大嫌いです。競走馬じゃないいんだから。血統なんてどうでもいい」

この本には、「悠仁さまがゲイだとか聞いたら、日本の保守派は全員自殺しちゃうかもしれん」という小林の発言も載っている。男子の天皇にこだわっている限り天皇制の終わりも近い。

それにしても天皇とは不可思議な存在だ、とオールコックは思っていた。当時は天皇は京都に閉じ込められたネグリジブルな（無視してよい）存在だった。

「現在の天皇（ミカド）は、クローヴィス（メロヴィング王朝のフランク王。464〜511）の最後の子孫（シルデリク三世、在位741〜751）そっくりで『物悲しく孤独で、弱弱しく衰え、実権をともなわぬ王位』を保ち、虚飾にみちたわずらわしい無用の一生をため息とともにすごす運命にあり、監獄そのものの宮殿の門を出ることは許されない」

日本の主婦
（『大君の都』より）

天皇は、火事の時に牛車から飛び降りて避難所に歩いていったことがある。それは「かれが一生のうちに知った唯一の快い時間ではなかったにしても、おそらくもっとも愉快なものだったにちがいない」とオールコックは記している。そしてこの神聖な玉体が外気にふれて大丈夫だったのだろうか、と皮肉まじりに心配する。

《深夜の脱出とほこりっぽい道路づたいの長い徒歩のあとで、どうしてもとの神聖さをとりもどしたかということも、日本の著述家たちはなんとも書いていない》

玉体の「神聖さ」は天皇の肉体にあるのではなく、いつも近くに置かれた三種の神器にある、いやその神器さえ二千六百年以上前から続いているものではなく、いつでもすり替え可能な、(天皇制維持のための) 道具でしかない、ということを現代の我々は知っている。

山県有朋の、明治天皇に対する無礼な態度を見よ。死去2週間前の御前会議で天皇は疲労のため、うつらうつらしていた。それを見て山県は軍刀でコツコツと床を叩き咎めた。

オールコックの観察は鋭い。

《過去何代となくただ君臨しているにすぎない称号だけの君主と、ただ統治するだけで君臨しない帝国の代理者というこの二重の機構は、たしかにひじょうに奇妙なものである。これがながいあいだ継続してきた結果、世界の他のどこにもこれまでけっしてないような二重組織を生み、これが生活のほとんどあらゆるこまかい点にまでゆきわたって行なわれている。どの役職も二重になっている。各人がお互いに見張り役であり、見張り合っている。全行政機構が複数制であるばかりではなく、完全に是認されたマキャヴェリズムの原則にもとづいて、人を牽制し、また反対に牽制されるという制度のもっとも入念な体制が、統治ではこまかな点について

も精密かつ完全に発達している》

この文の後半は目付のことを言っている。オールコックの眼には日本という国は、大名から下級武士に至るまで、いや天皇から庶民にまでスパイ組織が張り巡らされた「精密な体制」と映る。これは抑圧であり人間の活力を削ぐのではないか、と彼は心配する。

《日本政府がとっている制度ほど、思想・言論・行動の自由を決定的に抑圧する制度は、ほかに考えることが困難だ。さらにわたしは、日本の政治制度は、人間の最上の能力の自由な発達と相いれず、道徳的・知的な性質が当然熱望するものを抑圧する傾向にあり、正常にして根絶しがたいすべてのものをつちかい、発揮する手段を与えないと信じる》

「売春婦」から総理夫人へ

再び女性の話題に戻ろう。『大君の都』には売春宿の視察の感想もある。

「下関では『売春』制度の発生地といういかがわしい栄誉をになう地を見る。不幸な犠牲者たちは、一般に幼少のころからその職業につくべく育てられ、この人びとにはなんの自由意志もないことを一般の人びとは十分に認めている。そのために、法律の定める通りに一定の期間の苦役がすんで自由の身になると、彼女たちは消すことのできぬ烙印が推されるようなこともなく、したがって結婚もできるし、そしてまた実際にしばしば結婚するらしい。たしかに、このようにやすやすと汚濁の深みから婚姻生活と家庭生活の神聖さに移ってゆくことができるということには、われわれが道徳や国民生活の真の根底と考えるものとは、ひじょうに対立するものがあるであろう。われわれにとっては、そのような移行はまるで美徳と悪徳のあいだの大きな障害がとり払われたように思われる」

ここで十数年前に沖縄のある離島を訪ねた時のことを思い出した。小さな果樹園を訪れた。園主の妻らしい女性が二人の子供を遊ばせていた。優しい笑顔と都会風の服、グラマーな体つきが印象に残った。出る時に3人でにこやかに手を振って送ってくれた。「おしゃれな人だね」と案内してくれた青年に訊いた。答えは「うん、ソープにいたから」。ソープといえばまぎれもない現代の売春施設だ。売られた訳ではなく自由意志で勤めたのだろう。それにしても公言できるような話ではないはずだ。でもこの島ではソープでの「労働」については別に悪徳とは考えられてはいないようだった。

沖縄では女性の働く場所が少ないので、居酒屋で働く女性は素人がほとんどだ。離婚して子供を両親に預け、働いている女性も多い。水商売や離婚に対する偏見もないようだ。離島のホテルのアルバイト募集のポスターを見てほほ笑んだことがある。夕陽の射すビーチのテラス、長い髪の若い女性がシャンペングラスを手にしている。逆光でグラスが輝いている。添えられたコピーは――「南の島で水商売」！

大学の教員時代に様々な学生と入学面接した。高校卒業後、居酒屋チェーンで働いていた女性がいた。入学金が貯まったので大学へ入る、とのこと。オールコックに言わせれば「やすやすと」社会的「移行」を果たす例かもしれない。

オールコックが没したのは1865年。その約12年後に品川の遊郭から一人の遊女が「略奪」された。17歳の少女であった。略奪したのは海軍少尉補（25歳）である。作戦は海に張り出した座敷に少女を導き、兵学校のカッターで近づきひそかに運び出す。略奪された遊女の名はトキ。明治11年（1878年）12月16日に山本権兵衛と結婚した。

「当時権兵衛は、ドイツ軍艦乗組みから帰任しておよそ半年余りで、海軍中尉に昇進する直前であった」、「結婚に先立って登喜に全7か条から成る誓約書を与えた」、「一、夫婦はたがひに礼儀を守ること。一、夫婦睦まじく生涯たがひに不和を生ぜざること。（略）」（村松友視『薔薇のつぼみ―宰相・山本権兵衛の孫娘』集英社文庫）

山本はのちに海軍大将、総理大臣などを歴任した。生涯妻を愛した。亡くなる前、お互いに病床に伏し、かつがれて寝たきりの妻のところに別れを告げにいく。山本は言う。

「こうした理解し愛し合った夫婦というものは、死というものを以ても、相はなれることはないのだから、心安らかにしてほしいと」

息子の嫁がこの様子を見守っていた。「私がお嫁に来てから、今日までおばあ様の泪を見た事なかったの。そのおばあ様が、御話を一つ一つうなずいて聞かれながら、お泣きになったわ」と母は泣きながら話した（同書より）。

山本権兵衛の孫娘・満喜子の証言だ。

文明と野蛮

「成長」と「停滞」の分岐点は何だろう。幕末に日本を訪れる青い眼の外交官たちは、最初の任地は中国が多かった。そこで目にしたのが街の汚さであった。生ゴミの腐臭、そして政治の腐臭。次なる未知の国・日本は緑豊かで美しい風景が広がっていた。と感動するが、街には凶器を二本腰に差した男たちが徘徊し、外国人は常に命を狙われる。日本で暗殺の恐怖におびえているよりは、中国で腐敗に鼻を押さえている方がまだましかもしれない。彼らは絶えず中国人と日本人を比べた。オールコックのように滞在が長くなると、東洋にヨーロッパの価値観を押し付けるのが正しいかどうか疑う視点を持つようになる。

「忘れてはならないことがある。それは、進歩とか文明ということばでわれわれが理解している結果は、西ヨーロッパ以外では望まれていないし、理解されてもいないと言われているが、これは正しいことだ。日本人は、中国人から表意文字を借り、それとともに孔子の教えと、文学の大部分と、最後に仏教を借用した。両国は通商を行ない、それぞれ相手の要求する産物を供給した。しかもこういった平和の盟約や保証にもかかわらず、両国の歴史は、戦争と反目の状態がつねにつづいてきたことを示している。これにくらべられるものはただ、長いあいだフランスとイギリスのあいだに存在していた状態だけだ」

ヨーロッパの歴史にしても威張れたものではない、とオールコックは感じている。ギリシア・ローマ帝国の芸術の高度な発展にふれながら……

「ひとつの国民は最高の芸術的・文学的教養をそなえながらも、なおかつその精神においては異教的であり、その生活においては野蛮であることがある、ということをわれわれは了解せざるをえない。円形演技場で大虐殺を見るのを暇つぶしにしていたようなローマ人は、いったいどのような種類の生活を目標として生きていたのであろうか」

　ローマ人と日本人はどちらが野蛮なのだろうか？

　日本の中でも上下のはっきりした階層がある。オールコックは支配層の武士たちには批判的だが、それ以外の人びとには温かい目を注ぐ。

《住民のあいだにはぜいたくにふけるとか富を誇示するような余裕はほとんどないとしても、飢餓や窮乏の兆候は見うけられない》

《かれらの全生活におよんでいるように思えるこのスパルタ的な習慣の簡素さのなかには、称賛すべきなにものかがある》

　当時、米英仏露は世界最大の海軍国・陸軍国であった。しかしオールコックは、日本から見ると「野蛮人の洪水、すなわち破壊の脅威をもたらすことのように思われたとしても、決して驚くにはあたいしない」と同情を示す。

　アメリカのペリーは、東洋人は脅かすに限る、と思い込んでいた。オールコックは違う。しかし最終的には武力で打倒するしかない、と心に秘めていた。

《大名たちがどんなに抵抗しようとしても、大英帝国はいつでもこれを粉砕することができ、そしてかれらが外国筋からどんな背信的な示唆をえようとも、大英帝国は穏当な手段で効果がないなら、大名たちを粉砕するであろう》

上海・香港の急成長

1842年（ペリー来航の11年前）の南京条約締結によって中国の5つの港が開港された。広州、福州、厦門、寧波（注・ニンポー）、上海である。この条約はアヘン戦争の講和条約で、香港島の割譲などの屈辱的な条項を含んでいた。オールコックが上海に赴任したのは1846年、以降9年間上海領事を務めた。

「はじめて上海に到着した時には、『築堤』（注・バンド）すなわち、川の土手には、家が三、四軒しかなかった。それが、いまではほぼ二マイル近くにわたって、延々として家が建ち並び、市の南門までつづいている」

そしてヨーロッパに帰った後、再び舞い戻る。1859年にオールコックが目にした情景は……。

「もともと居住していたヨーロッパ人は、自分の土地から押し出されそうになっている。そのありさまは、ヨーロッパ人がかつて土着の住民たちを押し出して土地を買いとったのと似かよっている。いわば因果応報というべきであろうが」と記す。居留地の有力者との話が象徴的だ。

「あなたは、イギリス領事として、国家の利益と恒久的な利益について考えることを義務付けられている。それがあなたの仕事だ。それに反して、私の仕事は、できるだけ時間的に損をしないで金をもうけることである。わたしの金でできる一番いいこととあれば、土地を中国人に貸して三割ないし四割のもうけで家を建ててやったりするわけだ。おそくとも二、三年もたてば、わたしはひと財産つくって、さよならできると思っている。そのあとで火事なり洪水なりで上海がすっかりやっつけられてしまっても、それはわたしの知ったことではない」

いかにも祖国なき民、というか全世界を我が活躍の地と心得ている華僑らしい発言ではないか。「上に政策あれば、下に対策あり」という言葉を思いだす。こうした「活力」は、香港では絶えざる「進歩」となって表れる。オールコックは香港をセント・ヘレナと比較している。南太平洋にある絶海の孤島でナポレオンの流刑地として有名だ。イギリスの植民地でスエズ運河が開通するまでは航海の要地であった。

「いまもむかしも雑多な住民と悪評と不似合いな自負をもつこのシナ海のセント・ヘレナは、アメリカ式にいうと、たいへんすばらしい『進歩』をとげている。初期の総督たちには、いまの香港は見分けがつかぬであろう。（略）家も道路もふえていたし、土地をひろめるために多くの丘や岩がけずられたり、爆破されたりしていた。イギリス人の生得の活力と自然とが結びついて、香港は他のすべての国々にとっての一大驚異となっている」

香港の港には、豆をつんだ「山東省からやってきた大きなジャンク」、「上海からやってきた老朽船」、「寧波からきたながくて低い舟」などが見える。危険な船も隠れている。オールコックは見抜いている。

「中国人の水夫ならば、かたちとか艤装《ぎそう》とか彩色とか装飾などのちがいから、それらがどこからきたかを難なく見分けることができるであろう。もしその水夫が正直ならば、海賊たちをのせ、新しい大砲や火薬を満載した頑丈なつくりのジャンクがどこにこっそり停泊しているかということも、はなしてくれるかも知れない。ただし、かれのいうことは、あまり盲目的に信じない方がよいであろう。というわけは、かれじしんもその海賊の一味であるかも知れないからである」

「香港機能」という言葉がある。急速に香港はアジアの貿易の要に成長した。その秘密は、オールコックによれば「繁栄のための第一、かつ最大の基盤は、生命と財産の安全ということである。第二の条件は、容易に入りこめる大きな湾があるということである。そして第三の条件は、多少とも圧政的な税関のある中国の諸港の近くに位置しながら、ここには税関が全然ないということである」。

彼は香港の成長と繁栄の原因は「中国の沿岸地方全体との大規模な貿易」にある、と確信していた。一方、香港から当時4時間の航程にあったマカオは、宗主国ポルトガルの失策のせいで同じ植民地とは思えないほどの景色が広がっていた。

「わずか四時間で地球を半分も横断してきたかのような感じを受ける」、「修道院の鐘の音があたりにひびきわたり、（略）異なった風土に接し、一六〇〇年ころのポルトガルの古い湯治場にきているような感じがする」とオールコックは記している。香港の成長・繁栄とマカオの停滞・没落。為政者の外交政策ひとつで明暗が分かれる。ポルトガルはマカオが中国大陸に隣接していること。そこが巨大な潜在的市場としての可能性を持っていることに気が付いていなかった。あるいは気が付いていたが、腐敗した官僚機構の改善は到底望めず（百年河清を待つ）、あきらめていたのだろう。

5　サトウ詣での有力者たち

❖アーネスト・サトウ『一外交官の見た明治維新』

明治維新前後の約25年日本に滞在したイギリスの青年外交官アーネスト・サトウの回想録『日本における一外交官』は1921年にロンドンで出版された。

原著書はおおよそ菊判大、427頁。出版後、25年もの長い間（敗戦まで）日本では禁書として扱われてきた。付録に年代順の著述目録や15頁にわたる年表がある。

本書の底本は、この本の翻訳版で、坂田精一訳の岩波文庫版（上下巻、1960年）。

アーネスト・サトウ

訳者（坂田精一）の言葉になるほどと思うところがあった。「当時、西郷、木戸、伊藤のような人々をはじめとして、討幕の志士や反幕府的な大名たち、また他方閣老をはじめとする幕府の高官連が、慇懃《いんぎん》をつくして、サトウの歓心を買うことにつとめたことは、第二次世界大戦直後の日本の政情にも一脈通ずるものがあり、その動向が明治維新の歴史に大きく影響したことは否定できない」

戦後のマッカーサーの態度は、幕末のペリーに例えられるだろう。脅かして言うことを聞かせる、東洋人を馬鹿にしている。特にマッカーサーは、明治以降に圧倒的な力をつけた。天皇を利用し絶対的な権力をふるう。ペリーは黒船で脅かして去ったが、マッカーサーは日本占領を続けた。ＧＨＱの権威は今では想像できないほどだ。「虎の威を借る狐」が周囲にうごめいていた。マッカーサー周辺は言うに及ばず、米軍兵士や、コバンザメのようにくっついた日本人のカタコト英語使いまで。進駐軍やその周りの横暴ぶりは、いまや沖縄以外では実感することが難しい。

サトウにはそうした驕《おご》りはみられないが、当時の日本人は圧倒的な武力を持つ英国の軍事力を、彼の背景に見ている。上司のパークス公使は癇癪《かんしゃく》持ちで有名だった。大名なども叱り飛ばしていた。もっともマッカーサーがトルーマン大統領から解任されたように、パークスも本国の外務大臣には頭が上がらなかったのだが。西郷も木戸も伊藤も英国公使やお付きのメンバーを持ち上げた。サトウは候文まで理解する日本通だ。彼のところに「陳情」が殺到するのも無理はない。

アーネスト・サトウを追いかけた『遠い崖―アーネスト・サトウ日記抄』（萩原延壽、朝日文庫）は14巻に及ぶ。『一外交官の見た明治維新』が明治2年の一時帰国で終わっているのに対し、『遠い崖』はその20年後、明治22年にサトウがモンテヴィデオ（ウルグァイ）に向けて旅立つまでを記している（駐日公使として彼が戻るのはさらに8年後、明治28年のことである）。本章では『遠い崖』も参照する。

敗戦前、25年間封印されていた禁書

サトウの著書は昭和13年に「公表をはばかる箇所は、全部削除」されたうえで、非売品として配布された。一部の少数の研究者だけしか見ることができなかった。

「この著書が戦前にこのような取り扱いをうけたのは、〝権威〟をはばからぬ外国人の自由な観察によって明治維新の機微な消息が国民の目にさらされるのを、『維新の鴻業《こうぎょう》を賛仰』することによって国民精神の基盤としようとした当時の為政者たちが好まなかったからであろう」（訳者の言葉）

本書が岩波文庫として発行されたのは１９６０年９月25日。私が持っているのは２０１０年10月15日第70刷発行とある。半世紀にわたるロングセラーだ。第一刷が発行された１９６０年は日米安保条約締結の是非が問われ、60年安保と呼ばれる広範な闘争が起きた年だ。条約成立

の6月15日には東大の学生だった樺美智子さんが国会前の抗議活動の途中で亡くなった。この本を手にした人々は「安保闘争」の熱気を感じながら、1世紀前の「維新」(政治的革命)を追体験したに違いない。

サトウが横浜に着任してわずか6日後、文久2(1862)年9月14日に生麦事件が起こる。上海の商人リチャードソンが4人で馬に乗って、神奈川と川崎の間の生麦に差し掛かった。サトウは記す。

《そのうちに薩摩藩主の父、島津三郎(訳注・久光)の乗っている駕籠《かご》が見えてきた。こんどは、引き返せと命じられたので、その通りに馬首をめぐらそうとしていたとき、突然行列中の数名の者が武器を振るって襲いかかり、鋭い刃のついている重い刀で斬りつけた。リチャードソンは瀕死《ひんし》の重傷を負って、馬から落ちた》

以前、「生麦事件参考館」を訪れ、館主の浅海武夫氏から現場を案内してもらったことがある。当時の東海道は幅6間(約10・8m)だった。現在の道もそのままの大きさなのだろう。両側に民家が迫り狭く感じる。大名行列に出くわしたリチャードソンはとっさに馬首をめぐらして逃げることが出来なかったのだろう。彼は斬られた後、しばらく馬を走らせた後、落馬した。かなりの深傷《ふかで》だった。腸がはみ出し、もだえ苦しんでいた。追いついた薩摩の侍が馬乗りになり、喉を切って止めをさした。日本では、苦痛を長引かせないための「思いやり」と考える。が、英国人からは、命を助けようとせず無残に殺した、ととられるのは当然だ。サトウの記録では、

《外国の商人たちの間では、仲間が殺された最初の事件だったので、その興奮はひじょうなものだった。日本刀は剃刀《かみそり》のようによく切れ、おそろしい深傷《ふかで》を負わせる。日本人は相手の息の根が止まるまで、ずたずたに斬ってしまうのである。この事件はヨーロッパ人にきわめて大きな衝動をあたえたので、両刀を帯びた人間さえ見れば、刺客ではないかと恐れるようになり、往来でそんな人間に出会うものなら、それをやり過ごしてから、これで大丈夫と思うところで神さまに感謝したものだった》

こうしてサトウの25年にわたる日本滞在が始まった。

乙女たちとテロリストが待つ江戸へ

この本には維新の三傑（西郷隆盛、大久保利通、木戸孝允）をはじめ、重要人物が登場する。伊藤博文、井上聞多、徳川慶喜、勝海舟、岩倉具視などだ。

この記録は１８６２（文久２）年から１８８２（明治15）年まで日本に20年間滞在し、その後、イギリス公使としてシャムの首都バンコックに赴任した時（一八八四年から）に折に触れて書かれた。しばらくは《未完成の原稿をうっちゃったまま、一九一九年九月まで顧みなかったが、かつて原稿を見せたことのある親戚の若い人たちから、あれは完成しなければいけませんよ、と言われた》。その声に後押しされ、公刊したのは１９２１年。日本には１８９５（明治28）年から日本駐箚公使として滞在した。

本を出すまでには半世紀が経っている。作成当時は機密書類だった文書や当時の上司だったハリー・パークス卿あての手紙なども入っている。が、日本で結婚した女性や子供のことは出てこない。付録の略伝には「彼は、その生涯を独身でおし通し、晩年の二十二年間は、読書と庭いじりを唯一の道楽として暮らした」とある。翻訳が出た１９６０年にはまだサトウの足跡が分かっていなかったのかもしれない。

彼は江戸市内に家を構え、妻や子もいた。妻の名は武田兼、次男は久吉。後に日本山岳会の創設メンバー、植物学者として有名になった。サトウは明治2年に「明治維新の達成をみとどけてひとまず賜暇帰英した」。19歳で来日、いったん離日した時は26歳だった。「わが生涯の最も興味ある時期」と記している。彼は明治維新の渦中にあり、プレイヤーの一人であった。ここでは「歴史的大事件」を語る前に、彼の眼に映った日本の女性たちの姿をピックアップしてみよう。

命知らずの外交官&研究者

《当時外国の諸公使は、江戸にいては生命が危ないというので、居館をそれぞれ横浜に移していた。そこでわれわれ若い館員は、江戸行きの順番が回ってくると大喜びだった》

12月初めに機会がやって来た。長官の江戸定期参府の随行を命じられたのである。

《六郷川（注・多摩川下流）を越えて二マイル、梅屋敷という有名な遊園地につき、そこで数人のひじょうに美しい乙女たちの給仕をうけた。当時東海道を旅行する人で、少しでも見えを張ろうとする者は、季節のいかんを問わずみなここに足をとどめて、麦藁色の茶を飲み、煙草

をふかし、給仕女をからかったりしたものだ》

梅屋敷は、広重の名所江戸百景にも描かれている。現在も東京都大田区蒲田三丁目に「聖跡鎌田梅屋敷公園」として残っている。生麦事件からまだ3ヵ月しか経っていない。開港以来、テロの嵐が吹き荒れていた。ロシア人が横浜の街頭で殺され、江戸ではイギリス公使館の日本人通訳が公使館の門前で刺し殺された。これはまだ少人数によるテロだが文久元年（1861年）には「英国公使館が武装した兇徒の一隊に襲われた」。サトウが着任する前年だ。

《このような無残な惨殺を行った人々も、その犠牲者たちに何らの私怨をもっていたわけではない》

つまり外国人なら誰でも見境なく殺す。サトウは英国公使館襲撃のニュースを北京から日本へ向かう途中で聞いた。

《前から聞かされていた物騒な事件の一つを経験する機会を逸したわけで、私としてはむしろ残念だった》

この発言は「現場を知る歴史家」（＝ジャーナリスト）としての資質を表している。彼は外交官としてだけではなく、日本学者として40冊を超す著書がある。この本には出てこないが、英国からピアノや楽譜を取り寄せ、仲間の外交官夫人と連弾を楽しんだりしている。芸術愛好家で書斎派の学者としてのイメージだが、殺傷事件などものともせぬ豪胆な面があった。危険な江戸の散策をむしろ楽しんでいる。

《われわれは毎日江戸の近郊を馬で乗りまわし、ローレンス・オリファントの本にきわめて輝

江戸の英国公使館を襲った水戸浪士に乗馬用の鞭で戦ったオリファント一等書記官

かしい色彩で描かれている王子のきれいなお茶屋や、甲州街道の十二社《じゅうにそう》の池、そのほか丸子への途中にある洗足《せんぞく》の池、あるいは目黒の不動さまへ出かけたが、こうした場所では茶屋の美しい娘たちが魅力の大半を占めていた》

オリファントは英国の作家、旅行家、外交官、神秘主義者。サトウの前年に英国公使館の一等書記官を務めていた。その時に、英国公使館が水戸浪士から襲撃を受けた。オリファントはピストルをカバンの中に入れていたため、やむなく乗馬用の鞭で闘った。襲撃者の刀が鴨居に引っかかったため致命傷を免れた、と伝えられている。『アーネスト・サトウ伝』（B・M・アレン、東洋文庫）に迫真の挿絵がある。

首切り処刑の詳細観察

さて、『青い眼の見た幕末・明治』は、良いとこどりで、私が面白い、と感じた箇所だけを綴っている。サトウの序文にも同じような言葉があった。

「この本の目的は、世界の各地における外交官としての自分の経験を人々に語ろうとするものではない。私の関係してきた事件の中で、最も興味の深いエピソードだけを述べるのが目的なのである」

歴史はアネクドート（小話・逸話）が全て、と聞いたことがある。拙著も小話に終始する。例えば鎌倉でイギリスの少佐と中尉を殺した二人の犯人の首切りの場面。

「処刑は、一八六四年十二月十六日（訳注　元治元年十一月十八日）の午後、日本の牢獄の外囲いの中で執行された」あざやかな手並みで首と胴体が切り離された後、「付添いの者が首のない死体を穴へかかえこんで、それをもみながら、なるたけ速く血を流し出そうとしているのは、身の毛のよだつ凄惨な光景だった」

なるほどこんな光景は映画でも見たことがない。首のない死体を逆さにして穴の縁にもたせかけ、身体のあちこちを押して、手早く大量の血を穴の底に流し込むのだろう。おそらくベテランの「流血担当者？」がいて、親指で太ももの内側をすーっと股まで滑らせると意外と血が出てくる？　とか、心臓の上から叩けば良い？　とか知っているのかもしれない。篠田鉱造の『明治百話』上下（岩波文庫）で「首切り浅右衛門」のことを知ったが、首を切った後、身体から速く血をもみだす話は記憶にない。

こちらは中国・福建省で見た山羊の「処刑」を思い出すだけで今でも気分が悪くなる。首筋と喉の気道の中間あたりの頸動脈に短刀をグサリ、両側から血が噴き出し、眼は裏返る。最後は両脚をバタバタさせ動きは止まる。最後の足掻《あが》きとはこのことだ。動きが止まると同時に（まだ絶命していない山羊の身体は）かたわらのドラム缶に入れられる。中には湯が半分ほど満たされている。その中で寄ってたかってたちまち毛をむしられる。温度は摂氏62度が最適だそうだ。続いて机の上に載せられ、4〜5人がかりで本格的に毛むしりが始まり、爪の先まできれいに泥が除かれる。中にはくわえ煙草で作業中の者もいる。山羊の体重は40キロくらいだった。中学生と同じくらいの身長・体重ではないか。手術台の上の裸の子供を連想させる。山羊の首は「処刑」担当者が持って帰り、その分が手数料になるらしい。

次の日、客家円楼で有名な龍岩市永定区へ向かう途中、水牛を路上で殺しているのを見かけた。車の中からだったのでちゃんと近くから観察できなかった。サトウと同じように「私としてはむしろ残念だった」と思わないわけでもない。

武器商人―アヘンから軍艦まで扱う総合商社

『アーネスト・サトウと倒幕の時代』（孫崎享著、現代書館）が出版されたのは1998年の12月だった。著者の孫崎氏は元イラン大使で、『戦後史の正体』（創元社）などの優れた著書がある。孫崎氏は、外交官を超えた存在のサトウにひかれた、という。サトウは通訳としてキャリアを始め、最後に英国公使を務めた。孫崎氏が見たサトウの「倒幕日記」を紹介する。

孫崎「1853年7月8日（嘉永6年6月3日）、ペリーは旗艦『サスケハナ』以下、『ミシシッピ』、『サラトガ』、『プリマス』の4隻からなる米国の艦隊で浦賀に来ました。『黒船事件』です。ここで開国を促す米国大統領親書を日本側に手渡します。そして、1858年7月29日（安政5年6月19日）日米修好通商条約が結ばれます。しかし、1861年4月から18

６５年４月まで米国は南北戦争の中にあります。従って、倒幕の重要な時期、米国は主要な役割を果たしていません。代わって重要な役割を演ずるのが英国です」

ジャーディン・マセソン社の果たした役割

孫崎「『ジャーディン・マセソン社』は１８３２年広州に設立された会社で、アヘンの密輸を行っています。伊藤博文（俊輔）、井上馨（聞多）等の５名、俗称『長州五傑』が１８６３年、主にロンドン大学ユニヴァーシティ・カレッジなどに留学した時に、マセソン社が便宜を図っています。グラバーが『ジャーディン・マセソン商会』長崎代理店として『グラバー商会』を設立し、坂本龍馬、岩崎弥太郎等を支援しています。元首相吉田茂は土佐藩士、竹内綱の五男です。彼は吉田健三の養子になります。この吉田健三が『ジャーディン・マセソン商会』横浜支店（英一番館）の支店長に就任し、日本政府に軍艦や武器を売りこんでいます」

つまり吉田茂は「武器商人」の息子ということになる。薩摩、長州そして幕府も、ことごとくイギリスを中心に武器を輸入した。武器商売はもちろんそれに留まらない。ずっと売り続けるためには紛争を作り出して、戦っている両方を得意先にしなければならない。

この「産業」がいかに危険かは、アメリカのアイゼンハワー元大統領が指摘している。彼は「史上最大の作戦」ノルマンディ上陸作戦の指揮官だった。かつての連合国遠征軍最高司令官が「軍産複合体」の脅威を強調しているのだ。最高司令官でも大統領でも止められない「死の商人」たちがガッチリとスクラムを組んで闇の「One Team」を作っている。

長崎を見下ろす豪邸

この時期のイギリス商人といえばトマス・グラバーの名をすぐに思い出す。イギリスの外交団とも密接な付き合いがあったはずだが、サトウの本にはほとんど登場しない。公的にはあまり認められていない存在だ。

「武器類を大々的に取引したり、あるいは一八六六年にグラバーが自邸に大砲を据えつけ、日本側から条約違反として抗議をうけ、イギリス領事からきびしく譴責される事件がおきるなど、グラバーをはじめとする貿易商人の勝手きわまる行動や言動が、外交官の眼にしばしば好ましくないものとしてうつったのも事実だろう」（杉山伸也著『明治維新とイギリス商人―トマス・グラバーの生涯』岩波新書）

以下しばらく同書から引く。

長崎のグラバー邸からは長崎市街と長崎湾が見下ろせる。この丘一帯に彼のメンバーたちの西洋建築が並んでいる。領地を支配する「王様たち」の館のようだ。グラバー商会は佐賀、長州、土佐藩などのために武器を大量に仕入れた。それが維新を推進する力になった。

「一八六八年に薩摩藩はグラバーを通して長崎のすべてのミニエー銃を買いしめ、鹿児島に送ったという」

倒幕の志士たちは武器を買ってくれる大のお得意様だ。いざという時には、彼らを天井の隠れ部屋にかくまっていた。グラバー邸では、（観光客用に）取り外しの出来る梯子《はしご》が下され、見上げるとその上に鏡があって、隠れ部屋をのぞくことができる。フリーメイソンの石碑が園内にあったが、数年前に訪れたときは見つからなかった。

トマス・グラバーは１８３８年６月６日、スコットランドのアバディーンから北へ約40マイルの漁村フレイザーバラで生まれた。その後、一家はアバディーンへ移転した。「父親のアバディーンへの転勤のおもな理由は、おそらく子供たちの教育上の理由からであったとおもわれる」、「スコットランドはイングランドにくらべて、教育熱心で、教育水準も高く、高等教育への進学率も高かった」

スコットランドの首都エディンバラにあるエディンバラ大学はヨーロッパ中でも屈指の大学だった。１８０２年に創設された『エディンバラ・レビュー』は、世界の論壇の一拠点とも思える時期があった。スコットランドからの「ヨーロッパ大陸以外への移民はすでに一七世紀からはじまり、アメリカ、カナダ、オーストラリア、ニュージーランドなどがおもな渡航先であった」。「とくに東インド会社の保護下に活躍した地方貿易商人のなかには、ジャーディン・マセソン商会やデント商会をはじめとするスコットランド出身の貿易商人が多かった」。

グラバーが長崎に到着したのは１８５９（安政６）年、21歳の時であった。ジャーディン・マセソン商会の後ろ盾をえて、日本茶の輸出をはじめた。１８６３年には（お茶の）「再生場では日本人の男女合わせて１０００人以上が雇用されていたという」。

しかし利益はなかなか上がらなかった。艦船の売却や石炭の販売にも関心を持っていたが、まだその時期ではなかった。彼が歴史に浮上してくるのは幕末の動乱を待たねばならない。生麦事件（1862年）以来、攘夷の嵐はさらに激しくなった。横浜の外国人居留区は「ヨーロッパの掃きだめ」との悪評もあったが、まじめなビジネスマンもいた。

「この事件をきっかけに、一八六三年七月に幕府はイギリスとフランスに横浜居留地の防衛権をみとめ、これ以降一八七五年三月まで約一二年間にわたって両国の軍隊が横浜に駐留することになった」

長崎は平穏を保っていたが、貿易は中止となった。1863年には薩英戦争。翌年にはイギリス、フランス、アメリカ、オランダ四国連合艦隊による長州藩攻撃と続く。薩摩、長州は欧米列強の威力に衝撃を受け、逆に敵であったイギリスには戦艦購入を依頼するなど、相手も驚くような豹変ぶりを見せる。

1866年にはグラバー商会は「合計で、二四名の商会員をようし、社員数では長崎どころか、日本で最大規模の外国商会であったのである」。グラバーは艦船商売で巨額の利益を得た。「一八六四～一八六八年に（略）二四隻、価額にして一六八万ドルの艦船を売却している。これはおなじ期間に長崎で売却された艦船の約三〇%、価額にして三六%にあたる」。取引先は薩摩藩が6隻ともっとも多く、熊本藩4隻、幕府、佐賀藩、長州藩各3隻。この後になると急速に反幕府とのつきあいが増える。

グラバーは成功した時期もあったが、経営破綻の憂き目にもあっている。日本人の女性ツルと結婚し、娘が生まれた。半世紀を日本で過ごし、1911年に亡くなった。息子の倉場富三郎（母親は違うようだ）は「太平洋戦争がはじまると、富三郎は混血であったために憲兵隊に監視され、神経衰弱になった」。そして「終戦直後の一九四五年八月二六日（注・敗戦の11日後）、心労のため長崎市松ヶ枝町の自宅でピストル自殺をはかった。七四歳であった」。

グラバーはスコットランドを出てからほとんど帰ることなく日本で過ごした。兄弟姉妹も一時日本で生活した。息子の富三郎は生物学者、のちに長崎汽船漁業会社を設立、「日本で最初のトロール漁法を導入し、日本の近代漁業の発展に貢献した」（以上は「明治維新とイギリス商人」から引用）。

倉場富三郎は、老境に入ってから憲兵隊にいじめ殺された。理由は外国人だから？。水戸藩の徳川斉昭は「外国人は皆殺しにせよ」と唱えていた。幕末の「攘夷」思想が日本の軍隊では昭和20年の敗戦までしぶとく生き残っていたようだ。

戦争は先に攻撃した方が勝ち

少し時間を戻して、サトウが日本着任6日目で遭遇した生麦事件に戻る。英国はこの事件で、当事者能力なし、と幕府を見限る。孫崎氏の『アーネスト・サトウの倒幕日記』（現代書館）は以下のように記す。

「『幕府は統治能力がない』という考えは、生麦事件でますます強化されたと思います」

その後、薩摩藩に艦隊を差し向け、直接攻撃を試みる。薩英戦争だ。

「薩摩藩に対する要求は、『リチャードソン殺害者の審問と処刑を行なうこと、リチャードソンの親族と襲撃された他の三名に対し薩摩侯は二万五千ポンドの賠償金を支払うこと』。ただ、アーネスト・サトウは、『当方には即時砲台を攻撃するつもりはなかった。数隻の汽船を拿捕するという報復措置をとれば、薩摩人は（中略）満足すべき回答を持参するに違いないと、提督は考えたようだ』と記述しています。ここでは経済的補償があれば、引き上げる可能性を示していています」（同書）

このような「妥協案」を英国側は考えていたにも拘わらず、戦争は起きてしまう。孫崎氏によれば、「この戦争は、日本が関係する多くの戦争と同じように、①戦争は必然である、②だったら自分の方から先制攻撃しようということで、英艦隊の砲撃の前に、薩摩藩の砲台から砲撃が開始されたことにあります」（同書）。

やぶれかぶれで、とりあえず斬りこみ、あとは桜のようにパッと散る。この日本人の刹那主義というか、玉砕主義というか、後はドウナトキャーナロタイ（＝どうにかなるだろう。熊本民謡おてもやんの歌詞）の無責任な態度はなんとかならんか。武士階級がノーテンキなら、人民も人民だ。サトウは記す。

《この国の人民には服従の習慣があるのであるから、外国人でも日本統治はさして困難ではなかったろう。（略）しかし、この国には侍《さむらい》がすこぶる多く存在していたのだから、こうしたことは実現不可能であった》

乱暴狼藉をふるうテロリストの浪人たちが、外国人を殺し回り、それを誇りにしていた。だから、いくら人民が従順でも「外国人の日本統治」は無理だった、とサトウは推測している。してみると英国が日本を植民地にしなかった（出来なかった）理由は、ここにもあるのかもしれない。

英国はインド、中国の巨大市場に手いっぱいで、日本にはあまり魅力を感じていなかった、というのが通説だ。だが外国人に対する無差別テロが、英国による日本の植民地化を断念させた、とも言えるのかもしれない。少なくともサトウは軍艦だけで日本国中の武士を殲滅《せんめつ》させることは不可能だと感じていた。

サトウの英国策論

サトウは日本の情勢を詳しく把握し、日本統治は無理と判断した、上司のパークス、英外務省ものちに同じ認識に達した。サトウの着任直後の生麦事件から約30年後には英本国では「小イギリス主義」という政策が打ち出されるに至った。孫崎享氏は次のように語っている。

「英国は一八五〇年代まで植民地主義をとっていました。インドを植民地にしていますし、阿片戦争を通じて、香港を獲得し、中国を半植民地化しました」、「しかし、植民地はそれを経営・維持をするのに莫大なお金がかかります」、「英国内に、費用のかかる植民地経営は止めて、自由貿易を推進することの方が英国の利益に結び付くという考え方が出てきます。これを『小イギリス主義』と呼びます。『小イギリス主義』という言葉自体は、一八九〇年代初頭、時の外相ローズベリーによって初めて使われたと言われています」。

現実には19世紀を通じた海外膨張は続いていた、との主張もある。

「現在では、一九世紀中葉のイギリスは、一八八〇年代以降の帝国主義の時代に勝るとも劣ら

ない帝国の領土拡張、海外膨張の時代であると考えられている」（秋田茂著『イギリス帝国の歴史　アジアから考える』中公新書）

「自由貿易帝国主義論」と呼ばれるこの主張は１９５３年に唱えられた。注目点はインド、オーストラリア、シンガポールなどの「公式帝国」のほかに、経済的にイギリスの圧倒的な影響下におかれた「非公式帝国」の存在を強調した。さらにアフリカ（公式帝国）などの「獲得の原因を、経済的利益の確保からではなく、イギリス本国の政治家や現地に派遣された植民地行政官ら、『政策担当者（official mind)』の外交・軍事戦略から説明しようとする」（同書）。

日本におけるサトウらの「政策担当者」は、日本の現状を理解し、「外国貿易」の利益のみを主張した。日本は英国の「公式帝国」でもなければ「非公式帝国」でもない。

もちろん日本国内ではこの主張がそのまま受け止められていた訳ではない。「外国貿易」を進めた結果、やがて「半帝国」さらに「公式帝国」にされてしまうのではないか。今のうちに「病原菌」は駆除すべきだ。すなわち「外国人」は殺してしまえ、という極端な「攘夷」の主張がまかり通っていた。

サトウは後に「英国策論」として知られる記事を匿名で『ジャパン・タイムス』に3回にわたって連載した。それは日本語に訳され全国の大名や志士たちにも広く読まれ、著者のサトウの名前も知られるようになった。記事の内容はサトウの意見であると同時に、当時最大の強国であるイギリスの国策であるととられた。

「この論説を通して、一貫して見られるのは、将軍は『日本の真の支配者』ではなくて、強大な大名のひとりにすぎず、そういう将軍と現行の条約が結ばれているところに、条約の安定をさまたげ、貿易を阻んでいるいっさいの問題の根源がある、というサトウの認識である」（萩原延壽『英国策論　遠い崖—アーネスト日記抄』3、朝日文庫）

幕府は真の権力者ではない、というサトウの、すなわち英国の認識は、倒幕派にとっては最大の応援となった。英国は、薩摩を、長州を、ある時は単独で、ある時は四国連合で攻撃し圧倒した。武力の差は直接対決した藩の意見を180度変えた。薩摩と長州ではすぐに攘夷論は影を潜め、倒幕へと雪崩を打って進んでゆく。しかし上司のパークス卿はこの時期にはまだサトウの意見に同意していた訳ではない。

萩原は「サトウが中央政府としての幕府の否定という大胆な主張を『ジャパン・タイムス』紙上に発表したのは、ひとつには、まだ二十二歳という、その若さゆえであったろうか」と感想を漏らしている。

巨漢医師ウィリアム・ウィリスの活躍

サトウの日記に親友として出てくるのが医師ウィリスだ。彼は生麦事件発生の時に、いち早くかけつけた。身長190・5センチ、127キロ。相撲取りよりも大きな外国人が現れたのだから、薩摩の武士たちもかなり驚いただろう。彼らは大名行列を乱した外国人を血祭りにあげたばかりだ。しかしいきり立った武士たちも、ウィリスには斬りつけなかった。

萩原はウィリスが故国に書き送った手紙を見つけだし、『遠い崖』で紹介した。ほかにサトウ、パークスの公電、半公電も引用しながら幕末・明治の一幕を詳細に描いている。14冊におよぶ『遠い崖』を読んで一番印象に残ったのがウィリスであった。サトウよりははるかに人間的な魅力にあふれている。

サトウはどこでも学業は首席で通した。英国に帰ってからは毎日のように演奏会に出かけている。つまりエリートで、趣味は高級、知能抜群、非のうちどころがない。ところがウィリスは病院の婦長付きメイドと出来てしまい、男の子を長兄に預けて、逃げるように日本へやってくる。人情味厚く、最前線の戦場で敵味方なく助ける。実践重視のイギリス医学に基づいて大活躍するが、新政府の大勢はドイツ医学に傾いていく。失意のウィリスは西郷隆盛に呼ばれて薩摩で医療に従事する。それがあだになり、西南戦争以後は新政府からは疎んじられる……生き方がまっすぐで世渡りが下手なのだ。

『一外交官の見た明治維新』は縦横無尽にサトウが活躍する冒険譚の趣きがある。ウィリスはその陰に隠れている。サトウはウィリスが登場する生麦事件の場面をこう記す。

《しかし、先着者のなかでも、おそらくだれよりも一番さきに駆け付けた人は、ドクトルのウイリスであった。自分の職責に対する強い義務の観念から、ウィリスは全く恐怖のなんたるかを感じなかったのである。彼は、イギリス人の血のにおいのする刀を持った連中の行列にそって一マイルほど馬を走らせ、神奈川の街道を通りぬけると、そこで三、四人のイギリス人に会った。ウィリスは生麦に向かって一散に馬を走らせたが、そこは気の毒にもリチャードソンの死体が路傍の木陰に横たわっていた。リチャードソンは負傷して、どうすることもできず、そ

の場に倒れていたところを、さらに喉を切られたのである。死体は一面に刀傷があり、どれも十分な致命傷であった》

ウィリス自身に語ってもらおう。生麦に出かけた4人のうち、ボロデール夫人は無事だったが「疲労困憊して半死半生の有様」で戻ってきた。リチャードソンが殺された、マーシャルとクラークは負傷した、と夫人が告げた。

「私はできるかぎり早く必要なものを、包帯だの止血帯だのポケットケースだのをとって、神奈川に向って馬を走らせました。（略）私たちは薩摩侯の従者の隙間もない長い行列のそばを、疾駆したり、ある時は速度を落としたりして通りぬけて行ったのです。日本の刀を帯びた家来がまさに斬りつけんとするかのように、刀の柄に手をかけた時もありました。私たちの中のボイルという男が、拳銃をその家来の頭に突きつけ、脳天を撃ち抜いてやるぞと言わんばかりの構えを示すと、家来はしりごみして、すくなくとも刀は抜きませんでした。もちろんボイルがその男を撃ったならば、私たちは総攻撃を受け、たぶん全員が斬り倒されたでしょう」（ヒュー・コータッツイ『ある英人医師の幕末維新』中央公論社）

ウィリスも「一方の手で手綱を握り、もう一方の手で撃鉄をあげたままの拳銃を持っていた」。この行列には、殺した白人の血の臭いが漂っていただろう。ウィリスは、その群れに沿って馬を走らせている！　まったくいくら命があっても足りるものではない。

島津三郎（久光）の一行は、何事もなかったように「横浜からわずか二マイルの宿場、保土ケ谷に泊まる」。

ヨーロッパ人たちは興奮し、会合の席で「外国の海軍当局に頼んで兵員一千を上陸させて兇徒を捕縛してもらう」動議まで出したが、否決された。もしこうした襲撃が行われていれば「その報復として長崎の外国人が直ちに虐殺され、その結果は英・仏・蘭連合の派遣を見るようになり、幾多の血なまぐさい戦争が行われて、天皇（ミカド）の国土は滅茶滅茶になっただろう」とサトウは強調している。サトウは「外国人の殺害など日常茶飯事ぐらいに思うようになっていたのだ」、「私は、自分に同情心の足りないことを、心ひそかに恥じもした」と述懐している。

このように平静でいなければ危険いっぱいの日本で外交官としてやっていけなかったのだ。

最前線で活躍するウィリス

ウィリスはサトウよりさらに危険な場所にいた。１８６８年、幕府軍１万５千人、新政府軍５千人が激突する。鳥羽伏見の戦いである。ウィリスは敵味方を問わず負傷者を治療する。大山弥助（のちの大山巌陸軍大将・元帥）、いとこの西郷従道（隆盛の弟、のち海軍大将・元帥）もウィリスに助けられた。その後の北越戦線では捕虜の姿を見かけない。新政府軍は敵の捕虜を殺してしまうのだ。これに対しウィリスは再三再四、責任者に抗議している。

国際赤十字の設立は、クリミヤ戦争の時にナイチンゲールが敵味方なく看護活動を開始したことがきっかけとなった。ウィリスがエディンバラ大学に入学した翌年である。

ウィリスが来日する直前の１８６０年には、聖トーマス病院に看護婦学校が設立された。ヨーロッパではこうした人道主義の動きが強まっていた。ウィリスも、医者として目のまえの負傷者を助けるのに敵も味方もない、と確信していた。

危険は戦場ばかりではない。身近にあった。パークス公使に随行して宮中参内した際に、襲撃される。ウィリスは犯人の一人、三枝の治療に当たる。

「奇妙なことに、我々の護衛隊を襲撃した日本人の刺客は、私を狙っていたのです。彼は京都の町が外国人の医師によって汚されたと書かれた紙を持っていました。彼は私を付け狙っていたと、後で告白しました」（山崎震一著『ウィリアム・ウィリス伝』書籍工房早山、ウィリス文書より）

ウィリスは犯人の三枝と何時間も話をし、非常に親しくなる。三枝は、ウィリスの西洋医学による治療が戦場において劇的な効果を生んでいたことを知らなかった。クロロホルムの使用で手術の痛苦が激減した、漢方、蘭方の医者たちの治療は効果がなかった、ウィリスの西洋医学による手術で多数の負傷者が治癒へ向かった、ウィリスは戦場での治療行為に対し、報酬を受け取ることを拒否した。こうしたウィリスの献身的な働きを三枝は治療中に知った、そして熱意と人柄に感銘した。

賠償金の金貨を山積みにして薩摩へ向かう

１８６３年６月22日（陰暦。陽暦では８月６日、以下は陽暦で記す）に英国軍艦７隻が横浜を出港する。薩英戦争の始まりだ。ウィリスとサトウはアーガス号に搭乗して薩摩へ向かう。航海は快適で、ディナーではめったに見ることのないワインを楽しんだ。横浜に閉じ込められていた若い外交官たちは、晴れ晴れとした気分だった。そして12日には鹿児島湾に到着した。

「青々と広がる草木は、他の雄大な光景の美が私たちの想像力に衝撃を与えるのと同様に、私たちの目を十分楽しませてくれます」(『ウィリアム・ウィリス伝』以下も同じ)。しかし「望遠鏡を覗くと、人々が大砲に群がり慎重に準備をしている姿が見えました」

15日、英国艦隊は薩摩の汽船三隻を拿捕する。

「白々と明けいく海上で、我が国の軍艦が日本で最も尊大な藩主が所有する船を追跡し拿捕する光景は、私の心に強烈な印象を残しました」

すると正午頃、一発の砲声が湾内に響き渡る。ウィリスは「土曜日12時の号砲」かと思うが、「しかしそうではないことはすぐにわかりました。間もなく、あちらこちらの大砲が一斉に火を噴いたからです」。

あれあれ薩摩はやる気なのか？　強力なわが英国艦隊に対して、戦争をしかけるつもりなのか？　両者の軍事的パワーは明らかではないか？　とウィリスは驚いたに違いない。英国側はあまりにも事態を楽観的に見ていた。以下は同乗していたサトウの記述だ。

「しばらくしてから、わが方も日本側の砲火に応じた。日本側の最初の砲撃に対して旗艦の応戦が遅れた(二時間)わけは、艦上にまだ賠償金が積んであったため、ドル箱の堆積が弾薬庫の戸を開ける邪魔になったからだという」(『一外交官の見た明治維新』)

英国側は薩摩の汽船を拿捕し、脅かすだけで、本当の戦争が始まるとは思っていなかった。

その一つの証拠だろう。英国は政府からせしめた生麦事件の賠償金（金貨）を艦上に積んだまま、犯人を隠匿した薩摩へ向かったのだ。ピクニック気分の英国と、当たって砕けろと悲壮感を募らせる薩摩。マンガのようなコントラストだ。

鹿児島市街は英国戦艦からの攻撃で焼けつくされてしまう。英国各地では抗議集会が開かれた。以下は『ウィリアム・ウィリス伝』による。

「一八六四年一月十一日に Kent 州 Margate 市で開かれた集会では、この集会の決議として『日本の大都会である鹿児島に対し英国艦隊による砲撃と破滅作戦は野蛮で残酷な行為であり、その正当性が最も疑問視される行為である。多くの市民の命を奪い、また一八万人の住まいを灰燼の山と化したことが果たして文明国でありキリスト教国でもある国が行う行為なのか。更にはこれが英国およびその国民の報復としてふさわしいのか大いに疑問である』」

１８６３年11月24日の『ザ・ニューヨーク・タイムズ』でも報じられた。

「これこそ犯罪行為である。この行為は強者が弱者に対して行った残虐行為のブラックリストに第一位として長く留められるであろう」

ウィリスは現場での実見をもとにまったく反対の意見を持つ。

「英国の新聞には、実に馬鹿げた内容がいつになく多いと思いました。私には理解できません。我が国の軍艦が砲撃されたのに応戦してはいけなかったのでしょうか。民家が砲台のすぐ裏にあったのです。町に砲弾を落とさないようにすることは不可能でした。住民はほぼ全員が避難していました。日本人の方から砲撃を仕かけてきたという事実が見落とされています」

ウィリスはまさか2年後には薩摩がガラリと態度を変え、英国に急接近するとは思いもよらなかった。そしてわずか7年後に自分が薩摩に迎えられることも。

薩摩に英国医学をもたらす

ウィリスが鹿児島へ向ったのは明治2年12月3日であった。翌明治3年1月1日（陽暦1870年2月1日）から医療活動を開始した。

東京では新政府がドイツ医学を採用することを決めた。そのためウィリスは外された。実践的な英国医学でたくさんの負傷兵を救った功績は無視された。

ちなみに、インターネットで「ドイツ医学とイギリス医学」と検索すると、東京慈恵会医科大学精神医学講座の中山和彦氏の講演が出てくる。タイトルは「ドイツ医学とイギリス医学の対立が生んだ森田療法」。その中に明治維新以来の二つの医学の流れが分かりやすく表示されている。

失意のウィリスは鹿児島行きに同意する。到着後は「獅子奮迅の活躍がはじまる」。鹿児島医学校病院勤務報告によれば、開院の年、1870年8月8日現在で外来患者3050人、自宅診療患者110人、入院患者46人、総計3206人だった。毎月約400人の患者の治療に当たったことになる。当時の鹿児島では大福音をもたらした「事件」だったに違いない。

外来患者の6月29日までの症例のうち上位10項目だけ引用する。①性病835、②眼疾患531、③消化器、肝疾患365、④皮膚疾患260、⑤脳神経疾患158、⑥ハンセン病17

4、⑦結核99、⑧精神疾患98、⑨泌尿器科疾患80、⑩呼吸器疾患66などだ。

ウィリスの薩摩の人々の健康にかんする提言、提案がやつぎばやになされる。

「いわく酪農の勧め、産婦人科推進の願い、難産への対応策、医学教育における解剖の重要性の指摘、そのための遺体発掘の許可申請、牛疫への啓蒙、再度酪農の推進、牧草地確保の勧告、梅毒専門病院の設置……」

開院の翌年、１８７１年にすでにこれだけの建言を提出している。

これを見ると鹿児島の当時の問題が浮き彫りになる。栄養不良、難産、性病の蔓延《まんえん》などだ。

ウィリスは西郷隆盛をはじめとする主要人物に面談し、意見を述べようとするが無視され続ける。前藩主の久光は西洋嫌い、取り巻きの漢方医たちももちろん「既得権」がおびやかされる西洋医学には反対する。ウィリスの治癒の効果が明らかであればあるほど反発を強めていた、と想像できる。

大西郷はこの時、鬱《うつ》病ではなかったか、とウィリス伝の作者・山崎震一は推測している。それにウィリスを終始援助した、のちの初代県令・大山綱良が久光と近かったことも、西郷は気に入らなかったのではないか。

ウィリスは後ろ盾を失い、孤立無援の戦いを続けた。親友のサトウは帰国中であった。ウィリスは最後まで志を果たせず帰国、再来日するがすぐに故国へ帰る。手を差し伸べたのは再び親友のサトウだった。シャム公使として赴任した時に、ウィリスを招き共に過ごすことになる。彼はシャムでも大きな功績を残した。

最後にウィリスの遺言状にふれよう。

彼は日本で結婚していた。妻の江夏《こうか》八重、その間に設けた三男アルバート・バクスター、次男ジョージ・ウィリス（うたろう）（おちのさんとの子）、長男エドワード・ハーバード・オーウェン（マリア・フィスクとの子）、３人とも当時オーストラリア在住だったが、遺言状には、この順に記され、それぞれに遺産の分配を指示している。長男はウィリスの長兄ジョージの元で育てられた。ウィリスが英国のミドルセックス病院に勤務中、看護婦長付メイドとして働いていたが「ある不適切な関係が生じてしまい」妊娠し、子供が生まれた。逃げるように日本へ赴任したことは前に述べた。以下日本での女性関係についてウィリスは語っていない。日本で生まれた次男のジョージ（うたろう）の母おちのさん、三男のアルバートの母八重については親友のサトウしか知らなかった。

サトウも英国に住む親戚に、自分の日本人妻のことを隠していた。当時、日本では富者が妾を持つことはなんら後ろ指をさされることではなかった。サトウにも妾がいただろうが、もちろん彼の日記には登場しない。

6 蚕を求めてやってきたイタリア使節団

❖V・F・アルミニヨン『イタリア使節の幕末見聞記』

日本との通商使節として来日したイタリア海軍中佐アルミニヨンの日本見聞記。『一八六六年の日本および軍艦マジェンタ号の航海』の題名で1869年にジェノヴァで出版された。

本書の底本は、大久保昭男訳の講談社学術文庫版（2000年）。

原本は昭和17、18年頃にはすでに稀覯本で、わずかに東洋文庫と文部省に在るだけで、原本入手は大いに困難だったと訳者は記している。

この本の冒頭に、作家の綱淵謙錠による「本書について」という文章がある。

「一八五〇年代の終わりから六〇年代初頭にかけて、ヨーロッパでは毎年蚕の卵に悪疫が発生し、イタリアやフランスの養蚕業はパニック状態に陥り、とくに絹産業でもっていた北イタリアは手痛い打撃を蒙った」

本文中には、日本から輸入した蚕卵は好成績をあげたが、量が少ないために極めて高価で、《一部の相場師らが、種を掃きとってしまった日本産の蚕卵紙にイタリア産の蚕卵を植え付け、これを日本産と称して売る》などしていた。そこで有力な養蚕業者が政府に働きかける。《イタリアの船舶も日本の開港場に自由に出入りできるように》、さらに商館を設けることを可能にしよう、と攻勢をかける。ここからが、さすが19世紀と感じる。

「この結果、緊急に軍艦を一隻派遣することが必要」となった。養蚕業者の要請に応じるばかりではない。「東アジアの諸国にイタリアの存在を知らしめる」目的があった。スエズ運河が開通したのは１８６９年だ。アジアの人口密集地帯との距離は短縮された。イギリスやドイツに負けてはいられない。イタリア統一はなったばかりで、植民地経営は遅れている。「かつて海運国家として世界に雄飛したヴェネツィアやジェノヴァ」を思い出せ、と海外交易への機運が盛り上がった。

綱淵によれば、「いままでの日本人は幕末の歴史をほとんど国内的条件だけでしか眺めないきらいがあった。（略）西欧近代化の出発点であった幕末を、われわれはもっと国際的環境において眺める習慣を身につけるべきである」

これこそ私が心掛けたことだ。成功しているかどうかは分からないが、来航した使節の母国の事情を探ることにも努めた。

本書は1869年にジェノバで出版された『1866年の日本および軍艦マジェンダ号の航海』（ヴィットリオ・アルミニョン）の翻訳だ。この時期の日本訪問は当然のことながら正確な地図、水路図の作成という重要な役割を帯びていた。帰国後、「水路学上の有益な成果」をあげ「見事な」日本地図を作成している。アルミニョンはマジェンダ号の艦長だった。出発に先立ち、パリに滞在していた日本使節団と接触する。柴田日向守《ひゅうがのかみ》に対してこう切り出す。

横浜弁天通り（『イタリア使節の幕末見聞記』より）

「日本を西洋に紹介したのは一人のイタリア人だった。我が国が数世紀にわたりヨーロッパの学術文芸の第一位にあったと同様に、日本は今日、アジアにおいて文化文明の第一位にある」（一人のイタリア人とはもちろんマルコ・ポーロのことだ）

柴田はおおいに満足した。そして日本の蚕卵は外国と取引が出来るほど多量には産出しない、と指摘した後、次のように答えた。

《大君（将軍）は外国人に好意的であるが、大名たちがこれをきらい条約にも反対している。そこで大君は、この大名たちを討つために軍隊を出動させた。したがって貴殿らは、この戦いの終結まで出発を延ばされることが望ましい》と重要なアドバイスを与えた。それ以上に柴田は、アルミニョンが日本の美術品の見事さに驚いた、と語ったことに満足した。

《それまで彼は、西洋人からこのような敬意を表されたことはなかったに違いない。性格が善良で温順であり、愛国心と宗教心が非常に強い日本人の心の中に西洋人への嫌悪の念が深くしみこんだ理由を、私はこの時に悟ったのである》

アメリカのペリーが鎖国の扉を蹴破り、イギリスのパークスは大名を怒鳴りつけ、軍艦の威力で貿易を迫っていた。それに比べてイタリアのアルミニョンはなんという謙虚な態度だろう。背景に小国イタリアの事情があった。訳者の大久保昭男は、当時の情勢にふれている。長年の間、イタリアは、スペイン、オーストリア、フランスなどの支配に苦しんでいた。アルミニョン来航のわずか5年前の1861年にようやく統一イタリア王国を実現したばかりだった。
《つまり彼の来航はイタリア自身が自国の統一と独立のために苦闘している最中のことだったのである》
《その上、アルミニョン自身が、フランス、イタリア間の係争の地であったサヴォイア（サヴォアア）の生まれであり、一八六〇年にサヴォイアがフランスに帰属するに至ると、いったんはフランス人としてその海軍の一員となることを選びながら、一八六一年にはそれを辞してイタリア軍人にかわったという経歴の持ち主である。支配と被支配、土地を奪う者と奪われる者の心情、痛みを彼が理解していなかったはずはない》

このへんの地理にはまったく暗いが、場所を日本近辺に引き付け、同時代に置き換えれば、済州島に生まれた青年が最初は日本海軍に、後に韓国海軍に入ったようなものだろうか？　いや下手な比喩は止めよう。かえって混乱する。サヴォイアのことを調べていたら、次のような文を見つけた。

サヴォイア家勲功騎士団

「（？）氏、日本人初の『イタリア王家サヴォイア家勲功騎士団』大十字騎士に叙任」
「式および晩餐会には、サヴォイア家からエマヌエーレ・フィリベルト・ディ・サヴォイア王太子殿下（ピエモンテ公・ヴェネチア公）と世界各地の騎士にもご参列いただきました」

いったいこの日本人は誰だろうか？　時代はいつ？

岩倉具視、木戸孝允、伊藤博文あたりだろうか？　時代は岩倉使節団がヨーロッパ滞在中の明治６（１８７３）年あたり、と見当をつけた方もいるだろう。

この騎士団は慈善活動に力を入れているらしい。インターネットで調べるとヴァラエティ番組などにも紹介されている。拙著『青い眼の琉球往来』（芙蓉書房出版）で、マルタ騎士団（元は聖ヨハネ騎士団）の一員が琉球を訪れたのではないか、と推測した。

フランス艦船の乗務員が沖縄北部の屋我地島に葬られている。地元ではウランダー墓として知られている（外人はすべてオランダ、うーらんだーと呼ばれた）。墓の上部にはマルタ十字（八尾十字）が彫られている。イタリアのアマルフィーが発祥の聖ヨハネ騎士団のマークだ。同騎士団はロードス島、マルタ島など各地を転々とし今ではローマ市内に拠点を定め、領土なき国家として認められている。しかしフランス艦船の琉球訪問は１８４４年、１７６年前のことだ。

正解を示す。時代は２０１９年、つまり去年。日本人の名前は隈研吾氏。有名な建築家だ。サヴォイア家勲功騎士団の叙任式は２０１９年5月26日、東京のホテル椿山荘で行われた。ＥＸＩＬＥのＡＴＳＵＳＨＩも出席し、サヴォイア家の持つ「聖マウリツィオ・ラザロ騎士団」からナイトの称号を授与された。過去に伊藤博文も長嶋茂雄も貰っているらしい。ＡＴＳＵＳＨＩの記事の方には27日、東京の帝国ホテルと書いてある。26日には椿山荘、27日は帝国ホテルと連続して晩餐会を開いたのだろうか（後で調べると、ＡＴＳＵＳＨＩの受賞は２０１７年のようだ）。サヴォイア家は５つの騎士団を抱えている。

アルミニョンもおそらくはこれらの騎士団の一員だった。「きわめて開明的であり、各方面にわたる深い知識を有していた人物」で「のちにイタリア地理学会から金賞（メダリア・ドーロ）を贈られている」。サヴォイア出身で「伊太利亜国王殿下全権使節」を務めた人物が騎士団のメンバーでなかったとは想像し難い。日本で彼が答礼のため閣老の館を訪問する際の記述に注目しよう。全員が大礼服を着用し、同行の「デ・フィリッピ上院議員は、マウリツィオ・ラッツアロ騎士団の制服を着こんだ」。これは「ＥＸＩＬＥのＡＴＳＵＳＨＩ」にナイトを授けた「マウリツィオ・ラザロ騎士団」と一致する。

当時の日本にはヨーロッパ各国が押し寄せ、武力で威嚇し、今にも連合して支配を及ぼす勢いだった。実際、英国が薩摩を、四か国連合艦隊が長州を攻撃した。アルミニョンは日本の運命を自国イタリアの現状と重ね合わせて見ていた。両国の正規の外交関係条約の調印にあたった日本の役人も、これまでの欧米各国使節とは違う、と感じていたのだろう。

《貴殿の誠意ある態度は、今後、両国間にはつねに和解と協調の関係のありうることの保証となるものである》

アルミニョンはこの言葉を感動して聞いた。

彼は日本の絹織物について絶賛している。

《日本人は美しくきらびやかな絹織物を作り、これを用いている。模様も多彩で、金糸、銀糸を用いて織り上げた錦は、イタリアの最良の品に勝るとも劣らない》

肝心の目的である蚕卵についての記述は少ない。ただしマジェンタ号の航海は、学術調査の使命も帯びていた。極東の国とイタリアの初めての外交関係樹立を結ぶに際し、同乗していた専門家が詳細な調査・報告をしていた、と推測できる。

艦長と全権使節を兼任していたアルミニョンは、第一部「日本の歴史概観」、第二部「江戸におけるイタリア使節団」からなる本書の執筆に集中したのだろう。本書では第二部を中心に翻訳されている。訳者は「アルミニョンが日本の社会と人間を見、日本の文化を評する態度はずいぶんと公正、客観的であり、しばしばかなりに好意的でさえある」と記している。

日本人通訳（『イタリア使節の幕末見聞記』より）

7 小国デンマークを襲う危機

❖エドゥアルド・スェンソン『江戸幕末滞在記』

１８６６年から１８６７年に、フランス海軍士官として日本を訪れたデンマーク人エドゥアルド・スェンソンは日本見聞記『日本素描』を発表した。本書の底本は、長島要一訳の講談社学術文庫版（２００３年）。

原著は、雑誌『世界各国より』に7回に分けて発表された。雑誌掲載の背景には、１８６７年初頭に徳川幕府が締結した11番目で最後の修好通商条約が日丁間で調印されたことと、１８６９年にデンマークで大北電信会社が設立され、ウラジオストック—上海—長崎を結ぶ海底電信回線の大事業が実行に移され、日本を含めて極東に対するデンマークの関心が異常に高まっていた事実があった。

「北欧人のスエンソンがフランス文化のプリズムを通して異文化の国日本に接した記録である」訳者の長島要三はこのように紹介している。デンマーク人スエンソンの著したこの本は「若きフランス海軍士官の見た日本」の素描だ。

スエンソンの生年は１８４２年、没年は１９２１年。例によってそのころのデンマークの状況を探ってみよう。といっても私の知識は童話作家アンデルセンとデンマークの王子ハムレット、内村鑑三の「デンマルク国の話」くらいしかない。アンデルセンは１８０５年生まれだから一世代上だ。ハムレットはシェイクスピアの四大悲劇の一つ。正式名は「デンマークの王子ハムレットの悲劇」だが、１６００年から１６０２年頃に書かれたと推定されている。まったく時代が違う。「デンマルク国の話」はスエンソンの少年から青年へかけての時代と合致する。１８６４年、ドイツ、オーストリアの二大強国から圧迫され戦争がはじまる。《しかして敗北の賠償としてドイツ、オーストリアの二国に南部最良の二州シュレスウィヒとホルスタインを割譲しました》。

ホルスタインは予想通り、乳牛の女王。ドイツのホルシュタイン州の地名から来ているが、これまた予想通り、ドイツがデンマークから奪い取った土地であった。第一次シュレースヴィヒ＝ホルシュタイン戦争は１８４８年から１８５２年にかけてデンマークとプロイセン王国および関係国の間で行われた。スエンセンが６歳～10歳の時だ。第二次戦争は前記の通り１８６４年、スエンソン22歳の時だった。

デンマルク国の話―内村鑑三

内村鑑三が「デンマルク国の話」を発表したのは明治44（1911）年のことだ。当時デンマークは、北海道の半分、九州よりも小さく、人口は20分の1（注・250万人）しかない。その国が日本の2分の1の外国貿易を行っている。

「すなわちデンマーク人一人の外国貿易の高は日本人一人の十倍に当るのであります」

本の副題は「信仰と樹木とをもって国を救いし話」だ。ドイツに肥沃な土地を奪われ「残りし土地に荒漠多し」という状態からいかにして今の富裕な国を造ったか。

「戦いは敗れ、国は削られ、国民の意気消沈しなにごとにも手につかざるときに、かかるときに国民の真の価値は判明するのであります」

ここに工兵士官のダルガスが登場する。彼は1685年にフランスを追われたユグノー党の一人であった（ユグノーとは、カルヴァン派のプロテスタントに対するカトリック側からの呼び方）。ユグノー党は英国、オランダ、プロイセン、デンマークに逃れた。

「かれらは自由と熱信と勤勉とを運びました」。英国では「世界に冠たる製造業」を起こした。フランス経済にも大きな影響を及ぼした。

「マックス・ウェーバーはユグノーが『フランス工業の資本主義発展の最も重要な担い手の一つ』と述べている」（マックス・ウェーバー『プロテスタンティズムの倫理と資本主義の精神』）

「フランス革命後には多くのユグノー銀行家がフランス金融界で活躍し、現在でもユダヤ系以外はプロテスタント系によってフランス銀行業は担われている」（金哲雄『ユグノーの経済史的研究』）

逆にユグノーの大量の国外脱出によってフランス産業の発展は大幅に遅れることになったと言われている。

デンマークに逃れたユグノーも大きな働きをした。かれらは祖先の精神を忘れてはいなかった。その一人であるダルガスは、デンマーク国の領土の半分以上を占めるユトランドの緑化を図る。ダルガスは子供の代までかかって植林を進めた。結果として気候は変わり、夏季の降霜は無くなった。これまでは馬鈴薯、黒麦などに限られていた収穫が小麦、砂糖大根さらに北欧産の穀類、野菜と増えた。洪水の害もなくなった。

「さらに貴きものは国民の精神であります。デンマーク人の精神はダルガス植林成功の結果としてここに一変したのであります。（略）おおよそ神によりて生まるる者は世に勝つ、われらをして世に勝たしむるものはわれらの信なりと聖ヨハネは言いました」（「デンマルク国の話」）

デンマークの国民の希望の芽が大きく育ちつつある時代と共にスエンソンは育った。

フランス海軍軍人として横浜へ

スエンソンは１８６６（慶応２）年に横浜に到着した。彼自身は《当時ハリー・S・パークス公使に代表される西南雄藩支持のイギリスとは対照的に、レオン・ロッシュ公使に代表される幕府支持のフランスの利害の枠組みのなかで日本を経験した》。

当時のフランス海軍軍人についてスエンソンは次のようにユーモラスに語っている。

綱渡りをしているのは各国公使。左側のパークス（英）は天皇方（菊の御紋）、右側のロッシュ（仏）は幕府方（三ツ葉葵）を支援（『アーネスト・サトウ伝』より）

《フランスの海軍士官は、本国の政府から万能の天才と見なされるべきだと思う。それこそ年がら年中、なんでも屋としてこき使われるからである。今日は船員だったかと思えば明日は兵隊、外交官になったかと思えばすぐに法律家に早変わりといった具合だ》

コーチシナで彼の出会った若くて陽気な士官は、サイゴンでは市長を務め、《法の名において」を連発しながら、植民地で婚姻関係に入った人々に祝福を与えていた》。

ある者は地方長官、ある者は中国の税関を組織、と八面六臂の活躍ぶりだ。日本でもフランス語学校で数学の初歩を教える者もいた。

《冗談と大笑いを好む傾向をおいては、われわれの日常は船員生活とはほど遠いものだった》

船乗りではない海軍士官たちは、英仏合同で宴会を開くなど友好関係にあった。しかし兵隊たちは違った。《赤シャツ（英軍）と青シャツ（仏軍）の兵隊たちは、横浜の居酒屋で友好と殴り合いを繰り返していた》

女性たちについてはスエンソンの点数は甘い。

《日本女性は男たちの醜さから程遠い。新鮮で色白、紅みを帯びた肌（よくあるように顔料で塗りたくってなければの話だが）、豊かで黒い髪、愁いをふくんだ黒い瞳と生き生きした顔は、もう美人のそれである。（略）彼女たちを見ていると、愛欲過剰な日本人の男の気持ちがわかり、寛容になってしまう》

スエンソンは24歳であった。日本の娘たちは「十三、四でもう完全に成熟しているが……二十五から三十に近づくと美貌は廃れ、顔には皺が寄って黄土色になり、顔つきもたるんで醜い容姿になっていく」と、25歳過ぎの女性に対しては一挙に点数が辛くなる。浴槽での男女混浴に関しては、むしろ寛容である。

《慎みを欠いているという非難はむしろ、それら裸体の光景を避けるかわりにしげしげと見に通って行き、野蛮な視線で眺めては、これはみだらだ、叱責すべきだと恥知らずにも非難している外国人の方に向けられるべきだと思う》

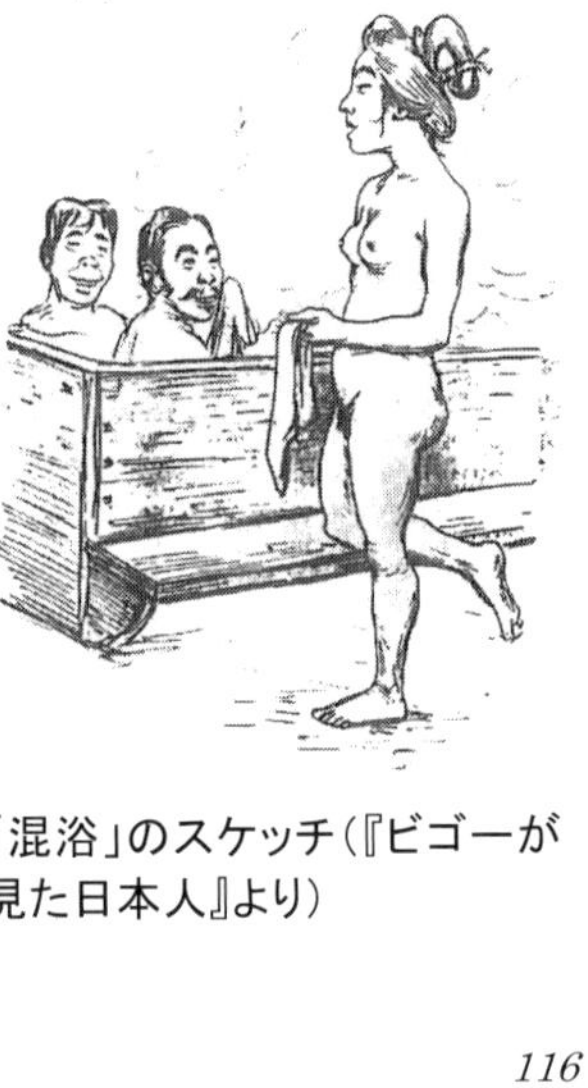

「混浴」のスケッチ（『ビゴーが見た日本人』より）

フランス人画家ビゴーは銭湯ファンとなり、混浴シーンや三助をスケッチしている。『ビゴーが見た日本人』（講談社学術文庫）で、明治15年に訪日以来描いた作品群を見ることができる。

フランスの艦上パーティの模様を紹介して、「滞在記」を終ろう。謝肉祭最後の日は、舞踏会が真夜中まで続く。フリゲート艦にはよく訓練された役者の一団までがいた。

《仰々しい凱旋マーチが陽気なダンスのメロディに変わると、甲冑は音を立ててぶつかり合い、ご婦人方のスカートが高くまくられて、足の先が鼻の高さまで振り上げられた》

日本人は「あいた口がふさがらない」、「イギリス人が不幸にもその場に居合わせようものなら（略）『ショッキング』と叫ばずには」いられないようなバカ騒ぎが始まる。カンカン踊りを踊り狂う婦人たちは、実は見習い兵たちだった。スケベ根性で近づいた役人たちは、気が付くと《たくましい腕に振り回されていて、西洋のワルツに合わせてくるくる舞い踊らされるにつれて腰の刀も弧を描き、草鞋《わらじ》も宙に飛び交った》。

スエンソンは帰国後、デンマーク海軍に戻った。その後は海軍省から休暇をとり、ウラジオストック―上海―長崎間の海底電信線敷設の事業を進める。デンマークの運命がかかった電信会社である大北電信会社の代表として多忙を極めた。極東の通信網が完成したのは１８７２（明治5）年のことだった。これにより日本は海底電信線によって世界とつながった。

《スエンソンは、デンマークは電信線の敷設によって東洋の幾千年にも及ぶ歴史の一ページに、それまでに西洋の列強諸国が行ってきたような血腥《なまぐさ》い暴力をふるった国としてではなく、深謀と善意をもって東洋の発展を促した国として記憶されるであろうと力説するのである》

スエンソンは電信事業を通じて、小国のデンマークを自信に満ちて生き延びる国に育てあげようとした。かつてダルガスが植林を通じて緑化を進め、国民に希望を与えたように。

１８７７（明治10）年には、スエンソンは大北電信会社の取締役社長に就任する。日露戦争（１９０４〜１９０５、明治37〜38年）の時にも日本は大北電信会社に電信の一部を頼らざるをえなかった。１８９１（明治24）年、明治政府より勲二等瑞宝章を受けている。１９０８（明治41）年には長男のカイ・スエンソンに社長職を引き継いだ。１９２１（大正10）年没、享年79歳。

8 灯台の父

——地震・オヤジも恐れずどんどん進め

❖リチャード・H・ブラントン『お雇い外人の見た近代日本』

明治新政府のお雇い灯台技師として明治初期に来日したスコットランド人ブラントンによる見聞記。

ブラントンは死ぬ前に『ある国家の目覚め。日本の国際社会加入についての叙述と、その国民性についての個人的体験記』という長い表題の著述を残した。死後40年経ってようやく原稿が整理され、ニュージャージー州のラトガース大学の図書館に納められた。その一部が訳出された。

本書の底本は、徳力真太郎訳の講談社学術文庫版（１９８６年）。

リチャード・ヘンリー・ブラントン

ブラントンは灯台建設の土木技術団の一員として採用された。彼は戊辰戦争終結前後（明治元年・１８６８年）に来日した。明治新政府は毎年５００人前後の外国人を雇った。そのほとんどが技術者だが、不思議に「日本における技術移植の仕事についての彼らの手になる研究や、実績の評価についての著述が皆無に等しい」（同書より）。ブラントンは例外で、未発表の手記を残していた。

ブラントンは、スコットランドのアバディーン州にイギリス海軍の艦長の子として生まれた。8年間の滞在で日本の海岸に30余の灯台を建設し、管理組織や職員養成機関を完成した。日本の灯台の父とも呼ばれている。自分の仕事に対する強い自負心と責任感を持ち、それが行き過ぎて封建的官僚との意見の衝突を引き起こした。しかし彼は駐日英国公使・パークス卿や大隈重信、伊藤博文などの政府要人に助けを求めて乗り切った。

地震が頻発する日本では、衝撃から機器の破損を防止する必要があると彼の先輩の技術者たちは考え、ガラス製のレンズの代りに金属製の反射器を採用するなどの工夫をした。しかし彼はその機器を使用しなかった。彼の体験した地震はこうだった。

《地上八〇フィート（約24・4メートル）の高さの煉瓦造りの灯塔上の灯室の外廊に立って私が下を見下ろしていたとき、私の身体には微動すら感じなかったのに、眼下では地震によるパニックで、人々が屋内から一斉に飛び出したのを見たことがあった。地震を受けた塔は煉瓦構

造の撓みのおかげで、基部は揺れても頭部は全く静止していたのである》
さすがにこの体験に対して、東京地震学会で長く会長を務めたジョン・ミルン教授は「ブラントン氏の意見は一般に適用されるというものではない」と反論している。ブラントンはスコットランド魂をもって学界の権威も日本の木っ端役人もなぎ倒していたようだ。

何でも真似し、欲しがる日本人

《模倣の才と珍奇なものを好む性質の持主である日本人は、１８７０（明治３）年頃には、ヨーロッパの製造品を、小児が玩具を欲しがるように、愛好品として所有したいという熱望が大変に旺盛であった》
そのひとつが兎であった。初めてみる動物だ、カワイーイと熱狂した。汽船が着く度に数百羽（鳥と同じ数え方をする）が乗っていた。一時は一羽１００ドルもの値が付いた。政府は驚いて重税を課し、輸入熱はたちまち冷却した。
特に永く続いたのは蒸気船フィーバーである。しかし自分では操縦できない。それでも欲しい。買いたい。今、すぐに。という訳で《合衆国、支那、印度、フランス、イギリス等の各国は、自国のために調達した船舶さえも日本向けに回した。それも既に役に立たなくなったものや旧式のものでも、容易に、かつ安価に手に入るものを日本に送り込んだ》。
結果は《この上なく無駄な買物ばかりして、良心的でない商人や代理店を喜ばせたのであった》。機関が壊れたり、給水不足から汽缶が焼損したり、ときには爆発して死傷者が出た。日本人の士官や乗組員が、航海術を体得したとうぬぼれて乗艦しても、暗礁や砂州で座礁し救助を待つことになるのであった。ブラントンは「船頭多くして船山に登る」に似た感想を持つ「過大な要求は船を損なう」と皮肉っている。

彼は灯台の建設に専念できた訳ではない。その前の地図の作成、測量にあたる技術者の養成から始めなければならなかった。この時期の技術者はたいていそうだが、企画・設計、道具作り、職人の教育など全般的に関わっていた。滞在4年が過ぎ、功績が認められて帝（ミカド）に拝謁がかなった。

「日本の海岸に灯台を建設する仕事は、あなたの助力を得て成功裡に進捗した。この仕事の援助によって沿岸航海の危険は大幅に減少した」とお言葉を賜った。

この頃まではお雇い外国人の功が目立っていたが、罪の部分が政府の悩みの種となった。職場放棄、命令無視、泥酔、怠慢、非行…。反対に、日本の知識のない官僚で「自尊心ばかり強く狡猾で収賄に熱心な腐敗した下役人」もいた。もちろん高潔な役人もいる。

佐野常民とは設置場所の検分や補給物資の積み込みについて意見が分かれた。ブラントンは補給船の故障に備えて、1年分と主張した。佐野は半年、と譲らなかった。理由は「大量の物資が手元にあれば灯台保守員はそれを浪費する誘惑にかられるだろう」。

佐野の「子供じみた抗議」は引っ込められ、ブラントンの意見が通った。後に佐野は関係者を宴席に招待し、自分の無知から「企画の進捗の妨害になった」ことを詫びた。彼は西南戦争（明治10年・1877年）において、日本の歴史上初の博愛社（注・後の赤十字）を創設した。敵味方関係なく負傷者・病人の治療にあたって国民を驚かせた。佐野は熱烈な芸術愛好家で龍池会（注・後の日本美術協会）の会頭となった。

ブラントンの本には論文「日本の灯台」（The Japan Lights）が付録として添えられている。地震対策用に設計された機器の説明、しかしそれを採用しなかったことや各種の石油の試験、離島での敷設の困難さなど細かい点にふれている。日本の技術の裾野はまだ狭かった。「大工は日本の工具を使って巧みに仕事をするが、石工や煉瓦積工や鍛冶工はまったく見付からなかった」。こうした状況では工事の監督、作業、日本人の訓練にも従事しなければならなかった。しかし苦労の甲斐があった。《日本沿岸を往来する航海者から、これらの灯台がよく管理されているという評価を受けて自信を得た》。

過大な科学技術幻想

「かくして明治期の日本では、科学は技術のための補助学として学ばれたのであり、今日にいたるまでの日本の科学教育は、世界観・自然観の涵養によりも、実用性に大きな比重をおいて遂行されるようになった」（山本義隆『近代日本一五〇年』岩波新書）

山本は続いて「日本が近代化に素早く成功した一つの理由でもあるが、それはまた、日本の近代化の底の浅さの原因でもある」と指摘している。ブラントンも《この国の活力はより良い公共道路の造成に向けるのが適切」と助言しているのだが、受け入れられなかった。「鉄道のように国家の発展のもっと英雄的なシンボルを彼らは望んでいるのだった》。

ガリレオに始まった近代科学は「人間が自然に対して上位に立ったという自覚」を生んだ。ベーコンは「知は力なり」と宣言して科学を技術に結合させるべきことを強く主張した。

「19世紀後半には、この科学技術幻想が肥大化してゆく。（略）日本が欧米の科学技術に出会ったのは、まさにこの時代であった」

山本は福沢諭吉の『文明論の概略』から引く。

「水火を制御して蒸気を作れば、太平洋の波濤を渡る可し、アルペン山の高きも、之を砕けば車を走らしむ可し」。そして「福沢自身、その過大なる科学技術幻想に囚われていたのであり、その幻想は、以後150年にわたって日本を呪縛することになる」と強調する。

9 ロシア・ナロードニキの見た明治「革命」

❖レフ・I・メーチニコフ『回想の明治維新』

明治初め1年半日本に滞在した亡命ロシア人革命家メーチニコフは日本回想記『日本における二年間の勤務の思い出』をロシアの新聞に連載した。

本書の底本は、渡辺雅司訳の岩波文庫版（1987年）。副題は「一ロシア人革命家の手記」。メーチニコフは、明治維新内発説を提唱し、それを歴史上もっとも完全かつラジカルな革命と断定した。これまで紹介した外交官などの手記とは全く違う視点で書かれている。

レフ・イリイッチ・メーチニコフ

ナロードニキ系革命家のメーチニコフの日本滞在は明治7年（1874）年から2年間。明治政府の「お雇い外国人」（文部省）である。経歴が変わっている。ロシア人亡命家であり、民衆（ナロード）こそ社会変革期の主体であるとする「危険人物」であった。アラビア語、トルコ語、中国語、日本語を自由にあやつる天才である。

経歴を拾ってみると、クリミヤ戦争が勃発したのを知った15歳の彼は、銃をつかんでひそかに家をぬけだし、義勇軍に身を投じようとした、《わずか1年でアラビア語とトルコ語を習得し、1859年には早くもパレスチナ派遣の政府代表団の通訳に採用》されている。その後、作家のアレクサンドル・デュマ（父）、ナロードニキの祖アレキサンドル・ゲルチェン、無政府主義者ミハイル・バクーニンと出会う。

日本人との出会いはジュネーブ留学中の大山巌（のちに陸軍元帥）、その後、明治6（1873）年5月22日には、当地に立ち寄った岩倉使節団の副使・木戸孝允と二度にわたって5時間ほど話をしている。1874年4月半ば、大山に見送られて日本へ向かった。西郷従道あての分厚い手紙を託されていた。さらに日本到着後は《西郷隆盛によって江戸で私学校を創立すべく招聘を受ける》。明治8年には東京外国語学校の校長・中江兆民の勧めにより魯語課で教鞭を取るようになった。

現在に引き移して考えてみよう。チェ・ゲバラを東京外大のスペイン語教師に呼ぶようなものだ。キューバ革命をカストロと共に成功させた経験を基にカリブ海や南北アメリカ情勢を語ってもらう。日本の対米戦略を練るのに恰好の人材ではなかろうか。イランの革命防衛隊のリーダーを呼んで、ペルシャ語の教師とする。隣国イラクやアラブ諸国の情勢、対米、対イスラエル戦略などは日本の専門家の誰より詳しい。防衛・外交は国の専管事項と信じ込み、現政権に対して忖度ばかりしている「エリート官僚」が日本の政治を歪めている。明治の元勲たちはかなりマシだったようだ。

「危険人物」メーチニコフにフランス語を習い始めた大山巌は急速に上達する。あるスイス人から次のように問われた。

「政府の武官であるのに、有名な革命家に勉強を習ってもいいのか」

「彼らは政治上で志を得なく、海外に亡命しているのにすぎない。彼らが成功していれば、今の政府要人に勉強を習うだけだ」と胸を張って答えたという。

私の経験で恐縮だが、イラン革命の後、バニサドル大統領と革命指導者ラジャビ氏がパリに亡命した直後、近郊のポントワーズに滞在中の二人を訪ねたことがある。バニサドル大統領は裏庭で革命派の学生たちとピンポンをしていた。天安門事件の学生指導者ウーアルカイシ氏（客家人）は亡命後、パリ市内のFM局から番組を毎週放送していた。訪ねると不在だったが、スタジオには香港製の歌のカセットテープが積んであった。彼らが志を得て、故国に帰る時は政府要人となることは間違いない。フランス政府はこうした亡命者を受け容れることにより、イランや中国の裏表の人脈を持つことになる。

大山巌は、現政権の要人と付き合うばかりが賢明な策ではない、と心得ていた。

ヨーロッパから来た不良外人たち

メーチニコフの視点は、外務省エリートのオールコックやサトウとは異なる。「招かれざる客」ヨーロッパ人に対する観察が面白い。

《全体としてみると、一攫千金の夢と日本の風俗、習慣、日本の住民へのいわれのない尊大な軽蔑心のほかには、懐中になにひとつ持たぬままこの新しい国へやってきた手合いが大部分なのだから…》

江戸湾の一角に半ばヨーロッパ的なたたずまいの館があった。アメリカのホテルの看板を掲げ、魅力あふれるブリジット夫人（アイルランド女）が経営していた。仮の亭主は巨大な青鼻の目の血走った怪物のようなアメリカ人だった。彼は《仲間と組んで、香港で中国人のジャンクに夜襲をかけ、略奪したのち乗組員を皆殺しにした》、《まもなくブリジット夫人のベッドで窒息あるいは絞殺死体で発見される》。海賊で殺人犯のアメリカの怪物より上手《うわて》のアイルランド女だ。

以下は、横浜港周辺に集まった「不良外人」たちの人生模様だ。

フランス軍の逃亡水兵／肉屋を開いて大儲けするが、曲馬団のイタリア娘と一緒になったあたりから運命が狂ってくる。娘はマルセイユから来た秘書と手に手をとっていなくなった。金庫の金貨、紙幣はすべて無くなっていた。

フランスの老いぼれ伯爵／アメリカ、オーストラリアで乞食同然の生活をしたあげく、さいわいにも日本で安月給ながら、ある若いオランダ人の店の会計係とも秘書ともつかぬ仕事にありついた。ある朝、老伯爵は金庫から数百ドルが紛失しているのを発見する。日本の巡査が総動員された。主人が寝ぼけ眼で顔を出した。「なんでこんな大騒ぎしてるんだ。わしは昨夜勝負ですったが、あんたを起こすのも悪いので金庫を壊して必要な金を出したんだ」。それ以来、几帳面な伯爵は、今度は自分に嫌疑がかかるのでは、と悩み精神異常となった。

アメリカ大使館の書記をしていた若い男／ある日突然あびるように酒を飲みだし職を失った。国際的な貿易商社をつくる計画を立てていたが、ある朝、首つり死体で発見された。

南フランスから来た中年男／5対の見事なウサギを持ちこんだ。2対は死んだが、ほかは売れず食えないようになっていた矢先に、3対が300ドルという信じがたい額で売れた。次はマルセイユに戻り、一対のロバを持ちこむ資金を貯め込むのを人生の目的と定めた。

しかし横浜での主役はなんといっても中国人だ、とメーチニコフは結論づけている。

《こうした遠い租界地でも、成金ぶって小銭を手放す連中があれば、そうした小銭は中国人の怪物的手腕によって、メキシコ・ドルにもオリエンタル・バンク発行の紙幣にも膨れ上がっていくことだろう。わたしが知るかぎり、ほとんどすべてのヨーロッパ人は、この地ではじめこそあっというまに荒稼ぎするが、そのあとは〝引き際《ぎわ》〟をわきまえぬ賭博者の宿命で、またたくまにすってんてんになってしまうのだった》

ナロードニキらしく「下層社会」の不良外人に対する見方がどこか優しい。神奈川の一寒村であった横浜が「歓楽と売春の国際都市として生まれ変わった」と嘆いている。対して地方の風景を絶賛する。

《その魅惑的な美しさにもかかわらず、日本の風景（少なくともわたしが旅した地方の）には、未開とか原始の臭いがまるで感じられないことだ》

《遠いアジアの諸民族や事件を見るとき、われわれはきまって因循や停滞といった烙印を押したがるものだが、こと日本の歴史にかんするかぎり、こうした烙印を押すことは断じてできない》

明治革命―民衆からの視座

ロシア人革命家メーチニコフは農民一揆にも注目する。

《日本にはヨーロッパ的意味での都市住民は、これまでいなかった。この国でプロレタリアートの役割を部分的に担ったのは、エタやヒニンのような虐げられた身分（カースト）の人たちだった。そして彼らもまた、自分たちの政治、社会的状況が時代の精神にそぐわないものだと気づきはじめていた。だからこそ大塩なる人物は、武器を手にみずからの人権の承認を要求する数千人のこうした虐げられた人々をその指揮下に結集することができたのだ》（「頻発する農民一揆と大塩の乱」の項より）

大塩平八郎の乱の前年には奥羽では飢饉で10万人の死者が出ている。翌年、天保8（1837）年になると「私財を投げ打って救済活動を行うが、もはや武装蜂起によって奉行らを討ち、豪商を焼き討ち」する以外に根本的な解決はないと考え蜂起する。

メーチニコフはポーランド、イタリア、フランスなどを革命運動で駆け回っていた。イタリア統一運動の英雄ガリバルディの副官として活躍したこともある。

１８７１年パリ・コンミューン勃発と同時に救援活動に奔走する。この頃、極東日本での革命の成功を聞き、日本を目指す。彼は語学の天才で十数か国語に通じていた。日本に来る前に既に７００頁余りの『日本帝国』をフランス語で出版している。生涯に書いた論文は４００本と言われている。それも極貧にあえぎながら密偵に追われながらの執筆である。

弟はノーベル医学賞のイリヤ・メーチニコフ。自然食運動の提唱者で大正時代にはヨーグルトの広告にまで使われていたらしい。兄は革命家、弟はノーベル医学賞受賞者。両方とも天才だ。来日前に大著『日本帝国』を書きあげるくらいだから日本の歴史には詳しい。大塩平八郎の乱やそれを支えた被差別者の存在を知っていた。これまで紹介した海軍提督や大使館のエリートとは、目のつけどころが違う。

メーチニコフと交流のあったゲルチェンの例をあげよう。亡くなったゲルチェンの妻の代りに二人の子供を養育していたのがマルヴィーダという貴族の娘だ。彼女はベルリンへ赴き、パンフレットを抱えて貧乏人の家を訪ねる。

「ある貧しい婦人は子供をたくさん抱えて、ほんとうの穴ぐらみたいなところに住んでおり、病気、飢え、ありとあらゆる貧困のため骨と皮だけになっていましたが、涙をほとばしらせながら私に言いました。『ほんとうにそうなら、私の子供たちがもっとましな暮しができそうな

ら、私はどんな目にあってもいい』」（良知力『向う岸からの革命』ちくま学芸文庫）

1848年3月、ウィーンとベルリンの革命の時のことだ。この年、『共産党宣言』が出版された。共産主義という「妖怪」が世界を徘徊し始める。メーチニコフはその一人だった。

土着的革命としての明治維新

《革命思想とはなにも西欧の専有物ではない。各民族にはそれぞれ独自の革命的伝統があるはずだ。それを視野におさめぬかぎり、革命思想は借り物のイデオロギーにとどまり、往々にして後発国の内発的な革命精神を圧殺するものに堕してしまう》（同書解説より）

メーチニコフはこうした確信を持っていた。それは日本へ向かう船の中での日本人との付き合いからも分かる。大学やアカデミーの留学先から帰るサムライ（小貴族）たちよりも、ゲンジロウと称する底抜けに善良な顔付をした商人が話し相手であった。メーチニコフの付き合う相手は、こうした庶民を好んだ。そして中間層や下級武士を飛ばして西郷隆盛をはじめとする明治の元勲たちに気に入られた。彼は自分が知らないうちに、大山巌（西郷の従弟）、西郷従道（西郷の弟）などの薩摩閥のおかげで文部省に雇われ東京外国語大学に職を得ていた。教え子に二葉亭四迷がいる。日本のロシア学の事始を知る資料として、付録の「東京外国語学校の思い出」は貴重だ。

岩倉具視はペテルブルク滞在中にピョートル大帝の熱烈な崇拝者となった。そしてすべてロシアと名のつくものは、特別の偏愛をもってむかえられた。

《通訳として必要な人材を日本に提供することだけが目的だったのならば、なにも東京外国語学校に、特別に魯語科を設ける必要性はまったくなかったのだ》と自ら語っている。

彼の就任によって、日本を弱小国と見なす領事館系の教師が姿を消し、ナロードニキ（民衆）的考えの教師に代わった。これがその後の知的雰囲気をかたちづくり、すぐれた文学者が育った、と訳者の渡辺雅司氏は評している。

下からの革命と上からの改革

遠山茂樹著『明治維新』は戦後歴史学の記念碑的著作と評されている。本文よりも注の方が多いのに驚いたが、記念碑たる所以は民衆側の視点で語られているからだろう。

「慶応二（一八六六）年下半期は、幕末政治闘争が最高調に達した時期であった」

百姓一揆、打ち壊しが頻発し、江戸ではたびたび暴動が起き、市中は全く無政府状態となる。特色が３つ挙げられている。

（１）農村から農村へ、農村から都市へ、都市から農村へと、自然発生的ではあるがきわめて早い速度で波及する様相が著しく見られたこと、すなわち都市・農村を貫く国民的規模の民衆反乱の方向が萌芽的に成立していたこと、

（２）ほとんどすべての一揆が、封建領主ないしその代官への反抗と共に、村内の村役人・地主・商業高利貸資本家層へのうちこわしを随伴し、かつ一揆の主体が中農・貧農層に移りつつあったこと、

（3）その波の頂点として一時的に幕府の政治的経済的中枢を麻痺させ、幕府権力を脅威させせ…農民戦争の前夜にまで到達した、としている。

井上清著『日本の歴史20明治維新』（中公文庫）は、「四民平等」について次のように記している。

「政府は明治三年九月、それまで平民に禁ぜられていた苗字を名のることを許し、廃藩直後の四年八月には、華士族の散髪と脱刀は『勝手たるべきこと』とした」

文面とは違い実際には、断髪と廃刀は「勝手」ではなく強制的に進められた。そして「穢多《えた》・非人《ひにん》の称廃され候条、自今、身分職業とも平民同然たるべきこと」とされた。こうして千年以上にわたる賤民制の廃止が発令された。驚くのは、えたの住む村は飛ばして全国の距離を測っていたことである。丹波福知山藩の公議所議員・中野斉は「道路里程の計算にさいし、えた村の道程は除くという従来の制度では、実際の里程に合わないので、全国の真の里数を明らかにし、全国統一の交通・駅逓の制度をたてるのに不都合があることを指摘して、えた村も里数に加えることを主張した」。

なんと、えたは存在が無視されていたばかりでなく、村は地図からも消され、距離も面積も縮尺どころか、カウントされていなかった！　日本全国では数パーセント縮小した地図が出来上がっていたのではないか。賤民を平民に引き上げた狙いは「幕府への忠勤」と「冥加金《みょうがきん》」の取り立てであった。結果として名称が廃止されただけで、「従来は課せられなかった納税・兵役その他の義務を平民なみに課せられただけで、実生活上は依然として被差別身分としてのこされた」。そのうえ一般社会との交渉が増え、「それとともに差別される屈辱と苦しみの自覚をいっそう痛切ならしめ、その実質的解放をかちとるたたかいを発展させる一条件となった」。

下からの「運動」といえるのかどうか。「ええじゃないか」については、幕末が舞台の映画で見たことがある。その中では「ええじゃないか」の騒ぎを利用して、幕末の志士たちが活躍していた。名高い羽仁五郎著『明治維新史研究』(岩波文庫)から引く。

「これについては大隈重信は『不思議な事も有れば有るものだよ、如何した事か今から感がへても其方法が分らぬ。慶応三年丁度京都の形勢が愈幕府に悪くて慶喜が二条城を落ち延び大阪に遁れるといふ晩からお札が降り出し、それから毎日続いて明治元年迄降り続け、天使様も是は何事かの天意だと仰出され、非常に恐縮なさつたんであった』」

福地源一郎によれば、『ええぢゃないか、ええぢゃないか』と熱狂的に踊りこみ座敷も奥も分ちなく、庄屋五人組に遠慮せず、土足の儘にて躍り上り次へ次へと一軒も残さず踊り行き、行く行くに誘い合せて、次第に多人数となり踊り行く、空腹となれば牡丹餅を食ひ酒を呑みて酔ひ踊り、眠くなれば誰の家にても遠慮なく寝ぬ、覚むれば又踊る、其処にも此処にも踊り散らして、家業を捨てええぢゃないか、ええぢゃないかと跳ね廻る」。

今村昌平の映画「ええじゃないか」などでは、このバカ騒ぎを肯定的にとらえていたが、羽仁は批判的だ。そもそも「薩摩戦術家等」は、こうした「大衆混乱およびその麻痺作用の彼等のために誤たざる利用性、それらを彼らのために刻々にたかめしめつつ、今や争闘の中心舞台となつた京都のあらゆるストラテジック地点を掌中に把握するための準備を公然たる秘密のうちに刻々遂行完了し、かくてついに一挙十二月九日クウデタに成功」と述べている。「ええじゃないか」は大衆の不満のガス抜き、に過ぎない、ととらえている。

十月頃から、西郷は「浪士数百人を募り『之を放ちて府の内外を騒擾せしむ』。放火、殺人、強奪などのテロを行っていた」。羽仁は「その戦略戦術にも、その彼らの非大衆的なる階級的本質を暴露してもいる誘発的な方策にも、看過すべからざるものがあった」と強調する。幕末志士が成し遂げた維新革命は、当然ながら「封建的諸関係の徹底的清掃」は目標とされなかった。羽仁は「志士」たちのやり方を批判している。

「農民型の発展への要望に対しては、これに対するあらゆる歪曲と抑止との反革命が貫かれていた」

メーチニコフの『回想の明治維新』は、ほかの青い眼たちの滞在記とは違う。

「明治維新は土着的革命」の項では、《太古以来、京都に住む皇帝も、江戸を都とする軍事独裁者（将軍）も、それ自体はなんの政治的意義も有さず、国民と国家の運命を自分１人の裁量で動かす物質的可能性も持っていなかった》と指摘する。さらに《六〇年代のこの国の改革運動（それは今なお終息せず、最終的なかたちをみていない）は、主として純粋に土着的な所産、（略）の歴史的ドラマのエピローグだったのである》と結論づけている。

「アジア的停滞は日本には当てはまらない」の項では、「かの執拗なアメリカの准将（注・ペリーのこと）が、友好的入国を許さぬなら武力をもってしても押入ると通告するよりも30年も前に、非常に根底的な政治、社会上の変革を必要とする状態に立ち至ったのである」。

これはウェスタン・インパクト（西欧の衝撃）を重視しがちな見方、西欧の自己中心的な認識、に変更を迫っている。

10 大義ばうち忘れとる今の政府ば倒す

❖オーガスタス・マウンジー『薩摩反乱記』

西南戦争時にイギリス公使館書記官として駐在したマウンジーによる記録。当時の特命全権大使はパークス。同時期の公使館員には、サトウ、ミットフォード、アストン、チェンバレンのような優秀な日本学者が在勤していた。

本書は1879年にロンドンで出版され、明治16年（1883年）には、東京日日新聞に「英人マウンセイの『薩摩反乱記』和訳」という記事が掲載されている。

本書の底本は、安岡昭男補注の平凡社・東洋文庫版（1979年）。

薩摩の反乱、すなわち西南戦争について青い目の見た記録がある。イギリス公使館書記官であったオーガスタス・マウンジーの『薩摩反乱記』(The Satsuma Rebellion. London, 1879) である。

マウンジーは明治9〜11(1876〜78)年に日本に駐在した。本書ではまず「1868年の王位復古の簡略な概要」、「薩摩藩が王政復古へ向けて準備し、かつそれを実現するのに演じた役割」、「反乱の勃発に至るまでの薩摩藩の傑出した人物たちの公的な仕事におけるそれぞれの活躍」が語られる。巻末には、探偵として薩摩に潜入し逮捕された中原尚雄、県令でありながら西郷軍を終始支援した大山綱良の口述が添えられている。東洋文庫の『薩摩反乱記』第三編の反乱に至る経過からエピソードを紹介しよう。

「堕落した」武士たち

《一八七三年四月、政府はあまたの調停(ネゴシエーション)を経て、ついに島津三郎(注・久光)をして東京に来らしむる事を得》

幕府としては薩摩が考えを変えてくれれば、島津にも西郷にもいろいろと要職を用意すると約束した。しかしそんなことで考えをひるがえすような久光ではない。

《島津はこの月の末をもって都に達し、その従者数百人、皆この国旧制の衣服を着け、両刀を帯ぶ》

全員が大刀・小刀を腰に差し、5年前(1868年・明治元年)に名前が東京に変わってしまった「江戸」に着いた。

《しかるに東京においては、あまたの士族（サムライ）すでに一八七一年九月の詔によりて脱刀の自由を許され、また人民は混淆（ハイブリッド）の西洋服を用いたるをもって、島津主従の状貌は少なからず人心を揺るがし（略）》

チョンマゲは結わず、ザンギリ頭の元武士たち、武士の魂である刀を忘れ、なかには牛の皮で作った靴をはいた西洋かぶれもいる！　第一、西洋人はまず体格が違う、持っている武器が違う。薩摩藩の上士と下士の対話を想像してみよう。

下士「わいさーぎ、たまがった（わー、驚いた）。青か目の奴どんな、オールブラックスのフォワードんごたる大男ばっかりですたい。こら負くるバイ。スクラム、タックル、ジャッカル……コンタクトプレーは全部勝負にゃならん。一本もトライは取れんでノーサイドじゃなかですか？」

上士「なんのこつば言いよっとか、ぬしゃ。いっちょん分からん。いくら大男てちゃ（といっても）、気合で断ち斬る。チェストーておめいて（叫んで）撃ちかかるなら毛唐なんのてろ恐ろしゅうはなか。ばってん、江戸はとつけむにゃー（とんでもなく）変ってしもたばい。薩摩と比ぶっと、ここはほんなこて日本だろか。サムライはもうおらんごつなってしもた。猿まねの西洋かぶれの魂の抜けた奴ばかったい（ばかりだ）」

下士「そぎゃん言いなはったっちゃ（そうおっしゃっても）、世の中の流れの変ってしもたけん、しょうんなかつ（しょうがないこと）じゃなかですかね。おっどんも刀はやめち、大砲てろ（とか）鉄砲てろ撃ち方ば習わんと、なかなかこら通用せんですバイ。幕府の方が先々行っとるけん、薩摩に帰ったなら牛でん豚でん食うて体ば鍛えんと」

上士「なんば言うか、せからしか（うるさい）、薩摩のやり方は間違うちゃおらん。ちゃんと火薬ば作ったり、武器ば輸入したり、エゲレスに十何人もスチューデントば勉強させに行っとる。なーんの江戸の奴どんにゃ負けんぞ」

※九州出身の人ならお分かりだろうが、これは薩摩弁ではなく隣の熊本弁だ。

不平士族の反乱

「およそ百七十人の士族（サムライ）、九州肥後の首都なる熊本の鎮台を夜撃す」—神風連の乱。

「同時に、九州の北部秋月において暴動あり」—福岡の秋月の乱。

「しかるにまた、一層強大なる逆徒長州（萩）に起こり、その巨魁（指導者）は前原［一誠］という者」—山口県の萩の乱

次第に騒がしくなってくる。

以下は木下順二戯曲選Ⅰの『風浪』（岩波文庫）から。

藤島「（軒昂《けんこう》として）やらにゃあ。…そら、われわれも好んで戦《いくさ》ば起すわけじゃ無か。ばってん、そぎゃんでもせんなら、どうして今の間違うた世の中ば正しきに返す事《こっ》が出来《でく》るか？だけん太田黒先生も阿部先生も言うてござった。台湾征伐《たいわんせいばつ》も征韓論《せいかんろん》もよかばってん、その前にまず国内の奸悪《かんあく》のやからば清めにゃいかん、て」

佐山「征韓論ちゅうなら、薩摩《さつま》では西郷《さいごう》が私学校ば起して、いろいろやりよるちゅう話じゃ無かか？」

藤島「薩摩の奴共ァいつも薩摩の事《こつ》しか考えんけんね。あれでは事ば起しても、応じて起《た》つ者ァおりゃせんぞ。われわれの挙兵は誠心誠意国家のためだけん、やれば先ず応ずるて思わるるもんが秋月《あきづき》に、萩《はぎ》に……まだいくらでンある。そして兵ば集めながら東京に攻め上って、まず三条《さんじょう》に岩倉《いわくら》に大久保《おおくぼ》、あの君側《くんそく》の奸《かん》ば倒さにゃいかん。なあ」

熊本の士族の会話をそのまま聞いてきたのではないか、と思うほどの迫力だ（もちろん言葉は完全な士族の熊本弁だ）。佐山は悩んだ末、決意する。

佐山「俺ァもう逆賊《ぎゃくぞく》でンよか。暴徒て呼ばれてン構わん。とにかく大義ばうち忘れとる今の政府ば倒そうちゅういくさに、俺ァ飛び込んで行く」

ロマンティックな戦争？

イギリス公使館書記官のマウンジーの眼に、西南戦争と西郷隆盛はどのように映っていたのか。『薩摩反乱記』の序文を引く。

《七ヵ月以上の期間に亘るその成果は、戦闘の激しさを示し、同時にそのロマンティックな出来事は、薩摩の指導者西郷（隆盛）の性格をくっきりと浮き上がらせている。西郷は、その波乱に富んだ生涯とその悲劇的な死とによって、国民の間で、『東洋の偉大な英雄』との称号を得、またイギリスの読者の興味を引くにも事欠かないのである》

彼の日本滞在の時期の上司はパークス公使、部下にアーネスト・サトウがいた。海軍兵学寮には、後に丸山眞男が維新以来最高の知性と呼んだチェンバレンがいた。この二人ほど日本語は堪能ではなかったが、マウンジーは《とくに幕末以来の英国と薩摩の親近関係からも種々の情報に接し、当時の日本人には得られない事情にも通じていたと思われる》(同書・解題より)。

『薩摩反乱記』は、ヨーロッパの読者のために前置きに3編約80頁を費やしている。一八六八年の復古、薩摩における事功、反乱に至る経過。そして最後の「反乱」が約150頁。

薩摩人は政府の主要な地位を占めたが、故郷の薩摩からは裏切者と見られた。原注には、ある日本人の政治家が要約した抗争の原因が記されている。

《葛藤は、一方は長州人にとって支持された政府部内の薩摩人、またもう一方は、一般にいう薩摩士族、この両者間の抗争と目されよう。後者、すなわち薩摩士族は、数年前に国政に参与するため、ある意味では藩の代表として薩摩をあとにした連中が、まったく本来の使命と食い違った行動をとっていると考えている》

1876(明治9)年は、世界史を見ればアメリカ独立100周年、グラハム・ベルの電話器発明などがある。日本では前年に福沢諭吉の『文明論の概略』刊行、錦絵新聞発行が相次いだ。そしてこの年、陸軍大将の西郷隆盛が官職を辞めて薩摩へ帰る。原因は自ら唱えた征韓論が容れられなかったためである。西郷の外交政策というより国内政治への不満であった。せっかく明治維新をなしとげた主役のはずの士族たちが哀れである。

政府の要職になりあがった薩摩人たちはことごとく最初の志を忘れている。大久保利通内務卿、川村純義海軍大輔、寺島宗則外務卿、黒田清隆開拓長官、西郷従道中将（近衛都督）、川路利良少将（東京大警視）、彼らは「郷国の薩人とは相容れざるの讎敵（仇敵）なるべし」。

西郷の人品、名望

薩摩党には日本帝国において並ぶ者なきヒーローがいる。その人望はもっぱら西郷自身の品行と性質から来ている。体格は日本人としては非常に大きく、頭は普通の人の肩より上に出ている。顔は真っ黒の眉毛、こだわりや飾り気がない。

《熟練の剣客にして、山野の遊戯を好み、猟漁のごときは、その最も喜ぶところなり》

職を辞した後はもっぱら山や野原に遊んで時を送っていた。

《その性、何事を問わず恒久の勉強に適せず、職にある間も、日常の吏務をはなはだ困倦《こんけん》、厭苦（忌み嫌った）という》

「困倦」は、手元の広辞苑、漢和中辞典、言海をふくめ八冊の日本語辞書にも出てこなかったが、意味は良く分かる。こまる、あくの二字だ。

西郷は非常に大胆で、勇敢、沈着、剛毅、寛裕。「交友に真かつ信あり」と褒め称えている。やんちゃ坊主で勉強嫌い、身体はでかいが人情はこまやか。その上、日本で唯一の陸軍大将だから人気を一身に集めているのも当然だ。しかし西郷の人品、名望だけで官軍を相手に戦えるのだろうか。

マウンジーは兵力を次のように見ている。薩摩侯国の人口は薩摩、大隅、日向を合わせて1

18万2783人。九州全体では480万人。日本全国では3400万人に近い。薩摩侯国の人口は全国の28分の1、九州が全部反乱に加わっても7分の1に過ぎない。薩摩は肥後と豊後から人と財の援助を得ることを疑っていないが、九州の他の6州は応じていない。薩摩では士族の平民に対する比率は約25％と他州におけるよりははなはだ多い。人口81万2327人のうち士族は20万4143人。私学校は既に2万人。薩摩側では、ほかにも日向、大隅、そして九州、本州から不平士族がたくさん応じてくるに違いない、と期待していた。

《三～四万人を戦場に派遣する予定であり、敵の官軍は五万人を超えないだろう》

スナイドル銃、エンフィールド銃も弾薬も豊富にある。

《しかれども、薩人が最も深く依頼せしは、刀剣にありて、火器にあらず》

平民がかつぐライフル銃には負けない、と驕り高ぶっていたのだ。しかし《薩人はその驕慢と、辺遇に僻在する（閉鎖性）とのために、西郷の首府を退きし以来三年の間に、大いに官兵の規律精鋭を増せしを、視るあたわず》。

要するに、薩摩は西郷が辞任して以来3年間、官兵が強兵になりつつあることを全く知らなかったのではないか。

薩摩側が官兵を軽視するのも無理はない。明治政府は1872（明治5）年、つまり今話題にしている薩摩の反乱前夜から4年前に徴兵令を実施した。しかし《一家の主人、跡継ぎの息子や孫、養子は兵役を免除するという規定が含まれていた》。そのために長男や養子が急増した。「1876（明治9）年（注・まさに西南戦争前夜）には徴兵検査対象者のじつに75％が兵役

西郷方陣営を描いた『ル・モンド・イリュストレ』1878年1月5日号
鎧兜に槍を持った武者までいる。戦国時代の出で立ちそのものだ。
前列左の西郷は痩せて頬のこけた老人に見える。

免除となっている」（後藤寿一『明治・大正日本人の意外な常識』じっぴコンパクト新書）。

薩摩の士族たちは、こんなへなちょこの即席兵隊、食い詰めて軍隊に入ったような平民たちなどに負ける訳がないと高を括っていた。

唯今戦争始め候

官軍は拠点をどこに置いたか？　私は熊本に生まれ育ったため、土地勘はあるが他の知識はゼロ。『田原坂』（橋下昌樹著、中公文庫）を読んで、改めて何も知らないことを痛感した。

例えば、乃木希典がどこに拠点を置くかの判断の根拠となったものは？　薩軍は陸路をとるか海路をとるか。

「陸路を取れば熊本の守りのために一兵

でも多く必要となる。海路を取れば長崎の守りを強化しなければならない。海路の可能性はあるか？」
「ほとんどない、と乃木は判断した。私学校党には海軍はない。西郷隆盛のあとを追って退官帰郷した軍人たちも、ほとんど陸軍ばかりである。たとい鹿児島湾内に碇泊中の幾隻かの艦船の奪取に成功しても、熟練した士官や水兵のいない薩軍が、外洋を航して長崎を襲うことはまず考えられない」（『田原坂』より）
『薩摩反乱記』は、政府の持つ海軍について数字を挙げている。
「海軍は、九艘の蒸気艦に五十門以上の大砲を架し、水夫千二百五十人を載す。水夫の内薩人最も多しといえども、政府はその弐心（注・裏切りの気持ち）なきを確信すべし」
しかしこう判断してしまって良いのかどうか。
「旧藩時代の薩摩の海軍は有名であった。蒸気船を操り艦隊を組んで近代戦を行ないうる能力を持った人材がどこにひそんでいないとも限らない」（『田原坂』より）
「兵を進めるとすれば、久留米だ」
乃木の判断は久留米（注・現在の福岡市南西部。福岡市からは41・3㎞、長崎までは122・5㎞、熊本までは77・4㎞）だった。
《久留米なら、長崎まで三十余里、熊本まで二十余里。そして久留米には電信局がある。薩軍が陸海どちらの道を取って出発したかの探偵報告を受け取ってから行軍を始めても間に合う》
政府の郵便・電信の整備は急速に進んでいた。1869（明治2）年に東京—横浜間に電信架設が始まった。ちなみに最初の電信は8章で紹介した「お雇い外人」のブラントンによって実現した。日本の灯台の父として知られている。

「私は灯台技師として日本に赴任したのであったのに、思いがけなく東洋で最初の電信線の架設者となった」（R・H・ブラントン『お雇い外人の見た近代日本』）

ちなみに、最初の電信線の架設は、横浜の灯明台役所と神奈川県裁判所の間、８００mであった。『薩摩反乱記』に「(二年後の) 一八七一(注・明治４) 年以来」とあるのは、京阪（東京—大阪）間に郵便線がつながった年だ。

《以来わずかに六年を経て、三万三千英里（マイル）の郵便線を劇《はげ》しく用い、七百の郵便局、千七百の信券（切手）売渡所と投入函とを設くるに至る。電信は三十五県の都会大半を連接し（略）》（同書より）

熊本では神風連の連中が電線の下を通るのを嫌い、頭上に扇子を掲げて通ったり、電柱を斬り倒したりしている。電信は西南戦争の勃発を次のように伝えている。

「唯今戦争始め候。大砲しきりに放つ」

明治10年2月21日、午後1時20分に熊本城内の熊本電信分局から京都にいた参議伊藤博文あてに発信された第一報である。ところが2時頃から戦が始まり情報は途絶える。午後3時40分には断線。後に熊本電信分局局長・加藤元太郎は以下のように記している。

「薩兵我が城に迫り小銃を打ちかけ、その声山野に震う　互いに死傷者多し、此夜市中放火炎々天を焦がし火煙城郭をおおい、実におそろしき有様なり　此時　電信局消失す」

現地の様子が分からなければ政府としては手の打ちようがない。京都にいる参議大久保利通は狼狽し、次のような電信を送った。

「熊本電信不通につきその県より人を出し探偵し絶えず熊本の模様　最寄り電信局より報知せしむべし。福岡県令殿　大久保参議」

京都の西京分局から久留米分局に大久保の書留が送られたのは午後6時50分である。開戦から5時間以上が経っていた。熊本分局から久留米分局までの距離は約77㎞。「決死の伝令が籠城中の熊本城を出て、久留米へと走ることになる」。

以上は黄民基著『唯今戦争始め候。明治十年のスクープ合戦』（洋泉社新書）より引いた。以降の新聞のスクープ合戦については同書が詳しい。

おそらく次のような電信も久留米から送られたものだろう。西南戦争の終わり頃、というから熊本城内の分局が復活し、そこから発信したものかもしれない。

「ゾクチウシサツマタハコヲフクスルモノアリ」

参謀本部あての電報だった。賊中止（または忠死）、薩摩煙草を服する者あり？　薩摩軍が一時戦闘を中止し、薩摩煙草をくゆらせる者がいる？　参謀本部あての電報にしてはのんき過ぎる。これは「賊中自殺又は降伏する者あり」の間違いだと分かった（柴田宵曲『明治の話題』ちくま学芸文庫）。

『鹿児島戦争記』（篠田仙果著、岩波文庫）は、当時の新聞記事を絵入り読みものとしてまとめたものだ。篠原国幹が熊本の城下町に押し寄せる場面は右に騎乗の篠原、左には歩兵の群れが描かれている。

――さてまた、熊本の城下なる坪井町へ押よせし暴徒の先陣篠原国幹、大音に呼《よば》わりけるは、「味方の人びとききに候え。敵は天下の兵なれば晴業の（晴れがましい）たたかいなり。われ今日先陣に撰《えら》まれしは武門の面目このうえなし。未練なるはたらきなさば後代までの笑い草なり。合戦《いくさ》は斯《か》くするものぞかし」と、自ら陣頭に馬を進め、帯たる剣をひらめかし、いと激しく令を下せば、死するをものの数ともせぬ鹿児島名代《なだい》の青年輩《わかものども》、どっとばかりに攻めかかる。

完全な講談である。口に出してみると日本語の流れが心地良い。ちなみに、坪井町は現在の熊本市黒髪町坪井、私の生まれた所だ。

別の場面。官軍の抜刀隊が斬りこみを行い、鹿児島勢はくずれる。

――そのおりしも、暴徒の中より年の頃は二十一、二と見ゆる婦人、みどりの髪をふりみだし白ぬのにて鉢まきなし、緋ぢりめんのたすきをかけ、小《ちい》サ刀をこしにさし、銀ひるまきの薙《なぎ》刀《なた》うちふり、抜刀隊にわたりあい、右をうち左をはらい、千変万化の秘術をつくす。そのさまさながら楊柳《ようりゅう》に狂う飛鳥《つばめ》のごとくにて、ひらひらひらひらと閃《ひらめ》く剣《つるぎ》をおそれぬ勇婦のはたらきは、義仲《よしなか》の妾巴《しょうともえ》ならずば、板額《ばんがく》、阿茶《あちゃ》の局《つぼね》らが再来とこそ疑われぬ。

板額は平安末期から鎌倉初期の女性武将、阿茶の局は徳川家康の側室。

これまた張り扇を叩きながら読み上げたいくらいの名調子だ。戦争記事は庶民のエンターテインメントとして人気を博した。

薩軍も官軍もアンビリーバボー

『薩摩反乱記』第四編「反乱」の第十一章の内容は以下の通り。

○西郷およびその兵、鹿児島を発し、熊本城を囲みて南ノ関へ行進す／○官軍の位置および運動／○有栖川宮を征討総督に任ず／○賊徒を拒退す／○官兵、鹿児島に入り、またこれを退く

2月7日には鹿児島城下に大勢が集まり始める。薩摩の国境は閉ざされ、南方への旅行者は厳しく調べられた。10日には「隊伍の編制充分に整頓す」。14日、先鋒が鹿児島を発った。20日には既に熊本の川尻に達している。熊本城までは9㎞。当時の大砲では狙えない。その後、薩軍は5㎞進み、花岡山（現在の熊本駅のすぐ近く）に登り熊本城めがけて大砲を撃つが、ここからも4・2㎞離れており砲弾は届かなかった、という。

政府側は「賊軍」が川尻に達する一日前（19日）には熊本城付近の家屋を焼き払った。そして薩軍の人数の多さに仰天し、城内に籠城してしまった。これを見た薩軍はすぐにでも落ちると思っただろう。それに官軍の中には薩摩人がいる。

《鎮台司令長官（注・谷干城のこと）、もし西郷の命令を拒みてこれに従わざるときは、城内にある薩摩人は必ず城門を開きて我に応ずべし》

ああ何という楽観的観測であることか。薩摩人たちは、西郷の絶対的な人気と陸軍大将という立場からして、熊本城に籠城した官軍はすぐに降伏すると思っていたのだ。2月25日には、薩軍は既に熊本城を通り越して北へ40㎞の南関に達している。福岡と隣接した地だ。そのまま

北へ進めば70kmで現在の福岡市に着く。歩いて2〜3日の距離だ。振り返れば薩摩から熊本の川尻まで約１６８kmを歩き抜いてきた。現在の完備した道路網なら訳はないが、当時は険しい山を越え、特にこの年は大雪で膝まで没しながら進んだ。この距離を薩軍は一週間で踏破している。一日平均25kmだ。南関から福岡までは平野が広がっている。なぜ一挙に北へ進まなかったのか。

有栖川宮を征討総督とする官軍も1万人の兵を福岡から南へ向かわせる。薩軍が着いた「南ノ関」で両軍は26日に出会い戦端を開いた。この日と翌日、官軍が勝利する。

《この戦争の当初において勝利を獲《え》たるは、官軍においてははなはだ大切なる奏効なれば、速やかに各地方へこの勝報を伝え、もって冒険士族（サムライ）の精神（士族の冒険心）を挫《くじ》き、反徒に通ずる事なからしむ》

薩摩士族の実力なんてこんなものだよ、われら官軍は武器も上等舶来、サムライの精神においても優れている、だから「反徒」には必ず勝つ、と言い聞かせているようだ。

薩軍は20km後退し高瀬まで下がった。以後、薩軍は北進が不可能となった。高瀬からさらに20km以上南の熊本城を攻めきれないまま取り残している。次第に敗色が濃くなり、やがて東南へ10km以上下った田原坂で最大の激戦を戦うことになる。

官軍は、鹿児島に入り、また帰ってしまった!?

薩軍も官軍もその行動はヨーロッパ人にとっては分からぬことだらけであった。薩軍の挙兵については次のような戦略ミスとの指摘がある。

「一つは、西郷らが自分たちが決起した理由を川路―大久保ラインによる暗殺計画への『尋問』にのみ絞ったことである。（略）そのため、西郷らの決起は幅広い層の支持を獲得できるような『大義名分』をもちえない、ひたすら私憤を晴らそうとする『暴発』だとされてしまった。いま一つは、西郷軍が九州路を陸路北上するという選択をしたことである。そのため、熊本で政府軍によって北上を阻止され、これが敗北に直結した」（筒井清忠編『明治史講義』ちくま新書）

「もし西郷軍が（略）直ちに軍艦を確保して、当時天皇のいた京阪地域に直航するか、もしくは東京に向かい、（略）すぐに自分たちの主張を明治天皇か三条実美や岩倉具視ら政府首脳に訴える方策を採ったならば、その後の彼らの運命は大きく変わった可能性がある」（同書）。

『薩摩反乱記』には《そもそも西郷を殺さんとする企謀は、実に存在せしものなるや。あるいは篠原、桐野（注・いずれも西郷の副将）の徒これを憶測し、その後拷問によりて得たる口供をもってこれを證するに至りしや》と記されている。つまり政府が（反乱予防のために）鹿児島の造兵所に貯えた兵器、弾薬を運びだそうとしたのが1月初旬、これを聞いた薩摩の私学校の生徒の一隊が造兵所に乱入し、ライフル銃や火薬を奪ったのが1月29日。これが維新以来最大にして最後の国内戦の始まりだ。薩摩に「西郷刺殺のため送り込まれた」中原尚雄少警部が捕まったのは《二月三日にして、生徒が初めて造兵所に乱入し兵器、弾薬を奪いし時より全く4日後にあり》。

マウンジーは、横浜の英字新聞が「政府の大臣が西郷を暗殺せんと刺客を送りし」と書いているのは公平ではない、と嘆いている。付録として「軽率なジャーナリズムの実例」として「Japan Weekly Mail」を抜粋している。

熊本での戦争まっさかりの時に、有栖川宮征討総督一行（官軍）は3月7日に長崎を出て、翌日鹿児島湾に到着した。

《薩摩の〈若き〉（島津）忠義および（その父）島津三郎に満足すべき面会を遂ぐ。ここにおいて同一〇日、勅使随行の兵ことごとく（無事）上陸す》

鹿児島では何の抵抗もなかった……それどころか、《大山県令を説き（あるいは強制し）て、軍艦に伴い、神戸に送りて、これを獄に繫がしむ》。

官軍は、西郷暗殺を「白状した」中原そのほかの東京の巡査を、牢獄から解放した。その後、弾薬を押収し、大砲には釘を打って使用不可能にした。そして全員が長崎へ帰ってしまう！。

《欧羅巴（ヨーロッパ）人にははなはだ解する事あたわざるところなり》

なぜ官軍は城を焼いてしまわなかったのか？　その理由は東京政府が、《西郷の総兵を熊本に集むることをもって、（略）ことごとくこれを撲滅せんことを渇望したるに因る》。

薩軍は、ゲリラ的に官軍の後方を攪乱したり、京阪や東京での情報宣伝工作やテロ活動などを行わなかった。かつて江戸の町中で暗殺、放火、強奪を繰り返した薩摩のテロリスト達はどこへ行ったのか。彼らは加藤清正が築いた名城によほど未練があったのだろう。ここを避けては先へはいけない、と熊本城攻略に専念した。バッカじゃなかろか、と考えるのは後知恵だろう。薩軍は、負けるとも鹿児島へ帰るとも、決して思っていなかった。
《西郷は、ただ勝利者となりてのみ帰るべし》
従って鹿児島はガラ空きだった。そこを突くなどとは「武士の風上にも置けぬ」卑怯者、と薩摩の士族たちは思っただろう。しかし薩軍が相手にしているのは「武士」ではなかった。
武士道という言葉は明治になってから出てきたのだ、と聞いたことがある。それに官軍といっても、内実は薩摩から出て政府に雇われた者が多い。薩軍は「この裏切者めらが」と近親憎悪的な感情を持っていた。

「天は我々を見放した」

映画「八甲田山」のなかの台詞である。大雪のなかで活路が見いだせず、立ったまま雪の柱となって凍死する兵隊たち。天を仰いでうめく指揮官の言葉だ。

西郷隆盛の墓は城山のふもとから市内に向かう途中にあった。案内板に沿って車を走らせると駐車場があり、その先に広くて急な傾斜地が見えた。西日を浴びながら何百もの墓が立っていた。天に見放された薩軍の幹部と兵隊たちの墓石の群れだった。坂のちょうど真ん中くらいを通路が横ぎっている。そこから下は日が陰っていた。暗い怨みが地の底から忍び寄っているように感じた。

通路沿いの中心に立つひときわ大きな墓が西郷隆盛、左に篠原国幹、右に桐野利秋。後ろに西郷小兵衛。名前を確認しながら歩いていると、日本酒の匂いがした。西郷隆盛と同じ最前列に松永清之丞の墓があった。墓前には升になみなみと注がれた日本酒、両横に大きなろうそくが立てられ、炎を守るためにプラスチックの板で囲われていた。

墓参りに来ていた清之丞の玄孫《げんそん》（＝やしゃご）という方から資料を頂いた。『月刊歴史読本』西南戦争後１００年記念号のコピーだった。孫の押川篤行氏（当時鹿児島経済大学教授）の「大西郷異聞」というエッセイから引用する。

「明治四年、上京、近衛陸軍大尉となり、転じて海軍大尉となる。明治六年、征韓論に破れた西郷さんと共に鹿児島に帰る。（略）私学校の夜学生三十余名を率いて草牟田の火薬庫に入り之を奪う。これ将に私学校旗上げの一因となり、ひいては西南戦争を誘発するに至る」

薩軍編成表によれば二番大隊大隊長村田新八。次に一番小隊長松永清之丞とある。資料には田原坂付近の戦場の状況が小説で再現されている。

敵の銃撃が激しくなった。松永は決断する。

「大隊長、こんままここにおっても、敵は増えるばかりではあいもはんか。一気に勝敗を決しもんそ」（略）

松永が最後に顔を向けた。新八がゆっくりとうなずくのを見た松永は、「チェストー」という気合を発しつつ散兵壕を飛び出した。こうして松永は硝煙の向こうに消えていった。

押川氏のエッセイに、西郷の人柄が描かれている。《若いころ祖父の家で下男奉公していた通称『サン』と呼ばれる爺や》の話だ。

「いつか西郷さんが祖父宅に来られた時、紙に蚤の絵を書いてサンに言われるには『こん蚤が飛って、よう見つおれよ』。サンはびっくりして食い入るように蚤の絵を見つめていると、筆の先をピョンピョンと二回紙上をホップ、ステップさせて、三回めにはサンの鼻頭にジャンプさせ、墨を付けて大笑いされたそうである。（略）身分の違う下男に対して気軽に冗談をされることに、若いサンはこの上なく感激したものですと語ってくれた」

「松永家は、戦後（注・これは１９４５年の敗戦後のこと）、鹿児島市の表玄関となった西鹿児島駅から歩いて五分の所にある上之園町『共研公園』のあたりで、祖父誕生の碑がその一隅に建っている。この地域は、昔城下町でも貧乏な下級武士が住んでいた所で、活動期の西郷さんの居宅とは五十メートル位しか離れておらず、祖父の家でもたびたび会合があったと聞いている」

２０１９年４月に鹿児島を訪ねる機会があった。西郷隆盛、大久保利通の生家はお互いにすぐ近くだ。明治維新の英雄たちがこの狭い地区で武術に励み議論を交わし、江戸へ出て近代日本の礎を作った。故郷を捨てた「裏切者」と故郷へ戻り反乱を起した者。失意のうちに割腹した西郷は今も語り継がれている。西郷と大久保の家の中間に維新記念館がある。薩英戦争のジオラマ、薩摩スチューデントの再現ドラマなど大変興味深かった。英軍の大砲の砲弾があった。上に把手がついている。両手でようやく持ち上がるほどの重さだった。

最大の激戦地・田原坂

熊本に一泊し、翌朝熊本城を訪ねた。城は修復中で中へは入れない。２０１６年４月14日、

秘書が見た都知事の素顔

石原慎太郎と歴代知事　【5月新刊】

井澤勇治著　本体 1,800円

いまこそ知事の力量が問われている！　石原知事秘書を務め、約40年都庁の内と外で都政の舞台裏を見てきた著者がさまざまなエピソードで伝える都知事の素顔とリーダーシップ。

江戸の仕事図鑑　全2巻

上巻 食と住まいの仕事【1月新刊】

下巻 遊びと装いの仕事【4月新刊】

飯田泰子著　本体 各2,500円

へえー、こんな仕事があったんだ！

看板書、錠前直し、便り屋、井戸掘り、刷毛師、灰買い、鍋のつる売り、瀬戸物焼継、蝋燭の流れ買い、素麺師、冷水売り、歯磨売り、早桶屋、宝舟売り、真田紐売り、湯熨師、足駄歯入、眼鏡売り、団扇売り、煙管師、古傘買、廻り髪結、象眼師、紙屑買、絵草紙屋、太鼓持ち、牛太郎、軽業…

論究 日本の危機管理体制

国民保護と防災をめぐる葛藤　【4月新刊】

武田康裕編著　本体 2,800円

新型コロナウイルスで日本の危機管理の課題が露呈！　テロ、サイバー攻撃、武力攻撃、自然災害、重大事故、感染リスク…。研究者、行政経験者、リスクコンサルタントなど13人の専門家が現実的な選択肢を模索。“安心・安全”と“自由”は二律背反の関係。

芙蓉書房出版
〒113-0033
東京都文京区本郷3-3-13
http://www.fuyoshobo.co.jp
TEL. 03-3813-4466
FAX. 03-3813-4615

熊本地震の夜、テレビ中継でライトに照らされた熊本城がずっと映っていた。霧に包まれた幻想的な風景に見えたが、屋根瓦が全てずり落ち、土埃がもうもうと舞っていたのだ。市電の線路に沿って川向うに真っ白の長塀が伸びていたが、それも無くなっていた。郊外の横井小楠記念館は修理中で閉鎖されていた。田原坂へ向かう。

熊本市の西に金峰山という姿の美しい山がある。この山が有明海からの海風を防ぎ、そのせいで熊本市は夏は蒸し暑く冬は寒い。盆地同然の過ごしにくさだ。金峰山の山頂から北を眺めると二の岳、三の岳とうねりながら山波が続いている。西は有明海が広がり天草、天気の良い時は島原まで望むことが出来る。東は熊本市街を見下ろす。中学生の時以来見慣れた風景だが、三の岳の先の田原坂まで足を延ばしたことは無かった。

市内から北へ向かう。当時の薩軍の進路を辿るように。途中、いくつか薩軍の墓地があった。田原坂西南戦争資料館の入り口の左手前には蔵が立っている。当時の弾痕がそのまま復原されていた。壁一面、大きな被弾の跡ばかりだ。短い坂の上に博愛社の建物がある。日本赤十字発祥の地だ。（8章にもちょっと登場した）旧佐賀藩士の佐野常民が創立した。敵味方両方を助けて話題になった。当時の考えでは捕虜を治療する考えはなかった。皆首をはね、皆殺しにしていた。案内のパンフレットには佐野の言葉が引用されている。

「国際赤十字の活動を見たのは１８７０年のパリ万博の時でした」

西南戦争資料館の中には、当時の田原坂の林を再現したジオラマがあった。薩軍と官軍の白兵戦の映像が流れる。銃声が響き、閃光がひらめき、怒号が飛び交う。次の部屋では、当時の暮らしぶりが展示され、使用した武器がずらりと並んでいた。

資料館で買った小箱が私の机の左手に置いてある。西南戦争で多く使われたスナイドル銃、エンフィールド銃の銃弾を新しく鋳造したものだ。鉛を流し込んで銃弾の形にはなっているが、スナイドル銃の弾は横に4本の溝、エンフィールド銃の銃弾には縦にバリが走っている（この言葉、どの辞書にもないが、型に入れて何かを作る場合、すき間から材料が漏れ、筋となって盛り上がっている状態。この場合、二つの小さな長円形の砲弾の型があって、きちっと真ん中が密着していないため、一筋の鉛がはみ出し縦の線が盛り上がっている）。こんなものが体内に入ったら、たちまちその傷から腐り始めるような気がする。小箱の蓋の裏に次のような文が書いてあった。

「明治10年の西南戦争は、日本史上最大にして最後の内乱であり、政府軍、薩摩軍が国を想う真情と信念により戦われた一大決戦でした。西南戦争で最大の激戦地となったのが、明治10年3月4日から20日までの17昼夜にわたる壮絶なる田原坂の戦いです。西南戦争では、参戦者約10万人、死傷者3万6千人を数え、ここ田原坂の戦いでは死傷者6千5百人にものぼる壮烈な戦いがくりひろげられました。また、政府軍が田原坂の激戦で消耗した小銃の弾薬は、一日平均32万発、多い日は60万発にものぼったという（参考：日露戦争では1日30万発）」

政府軍と薩摩の両軍について、国を想う真情と信念により戦った、と記されている。

そうだ、田原坂には薩軍、官軍どちらかを非難するような言葉は何もなかった。熊本からも薩軍に同情して参戦した者もいる。賊軍ではなくむしろ仲間と見なしていた人もいただろう。田原坂を訪ねた印象は、薩軍に対する悪感情は少しも見られなかったことだ。

「命もいらず、名もいらず、官位も金もいらぬ人」

西郷隆盛の言葉としてよく出てくる。『西郷南洲遺訓』（岩波文庫）より引く。

「命もいらず、名もいらず、官位も金もいらぬ人は、仕末に困るもの也。此の仕末に困る人ならでは、艱難を共にして國家の大業は成し得られぬなり」

命も金も名誉もいらない人には脅しも賄賂も通用しない。西郷自身が、政府にとっては仕末に困る人になってしまっていた。周りの人に放つオーラは強力だったようだ。備前中津の藩士63人を率いて薩軍に加わった増田栄太郎は、最後の城山での戦を前に次のように言った。

「君等は生を全うして故山へ還り、我黨《われわれ》の赤心を郷人へ明かせ」

すると、生きて帰るのが正しいのならば何故我々と一緒に去らないのか、と増田を咎める質問が出た。増田は憤然として答える。

「吾此処に来り始て親しく西郷先生に接することを得たり（私はここに来て初めて親しく西郷先生とお付き合いすることが出来た）。一日先生に接すれば一日の愛生ず。三日先生に接すれば三日の愛生ず。親愛日に加はり、去るべくもあらず。今は善も悪も死生を共にせんのみ」

西郷は、よほど人を引き付ける魅力ある性格だったのだろう。まったく反対の指摘もある。

「度量が偏狭（度量が狭い）、簡単には人に屈しない（頑迷）、一旦人を憎むとずっと恨み続ける、好き嫌いが激しい、執念深い、好戦的で策略好き」といったもので、要するに人間性に問題があるという見方をされていたようだ」（原田伊織『虚像の西郷隆盛　明治維新という過ち・完結

編』講談社文庫）

橋川文三『西郷隆盛紀行』（朝日選書、後に文春文藝ライブラリー）によれば、

「維新史における西郷を余さずに書くことは、維新史の全体をかくこととなるであろう、ある意味において、明治元年の日本の維新は西郷の維新であったといいうると思う」

以下はこの本の読書メモを綴る。

内村鑑三の「代表的日本人」には次のように記されている。「イギリスのクロムウェルが聞いた天の声と同じものを、西郷さんは聞いたのだ」、「『天』の啓示をうけた『聖人哲人』のごとき存在」、「日本人のうちにて、もっとも幅ひろきもっとも進歩的なる人」。

西欧の日本研究者は「右翼的ファナチズムの模範」という見方をする。オクスフォードのリチャード・ストーリィによれば、「天皇は君側《くんそく》の奸《かん》によってその声明を蔽われているのだから、西郷は彼らを権力の座から一掃しようとしたにすぎない。こうした精神態度は、日本古来の起源をもつものであるが、あらゆる極右国家主義者に共有のものであり、おびただしいテロ行為を自ら正当化する理由を提供したものである」。

日本の歴史家も西郷に対しては冷淡だ。彼をファシスト的大陸侵略派の源流、と見ているからだ。そして著者の橋川文三は、「こういう解釈に従うかぎり、西郷に対する生理的嫌悪感のごときものさえいだかれるとしても不思議はないかもしれない」と述べている。E・H・ノーマンは、西郷をプリミティブな悪魔的要素のあるタイプとみなした。ノーマンは、男色の気があったり、乱暴な振舞に及んだりする人間に対しては共感を持たない。西郷は、近代日本の造

成にほとんどなんらの貢献も果たしていないではないか、と否定的な評価を下している。

中江兆民の場合、当時の政治状況を脳裏に描き、保守派の島津久光の勢力と、西郷の声望とを結ぶ延長線上に、権力顚覆の可能性を読んでいた。兆民の弟子・幸徳秋水の後日談を聞こう。

中江兆民は久光あての意見書を出す。それには、大久保利通や岩倉具視らの現在の政府をぶったおしてしまえ、と書いてあった。兆民は勝海舟に頼んで、久光公に拝謁した。「公、曰く、足下の論甚だ佳し、只だこれを実行するの難きのみと」。お前の論はまことに結構だが、そんなことはできるわけがない、と久光公が反論する。兆民は、いや、それはなんでもないことである。田舎に帰っておる西郷隆盛を呼び出して、東京の近衛兵と手を結ばせる。そうすれば、一挙にクーデタを起して成功間違いなし。「こと一挙に成らん」と答えた。

西郷は維新が不徹底であったと感じていた。北一輝も同じようなことを言っている。西郷を、維新革命に次ぐ、「第二革命」の指導者と見ている。

魯迅が西郷に関心を持っていた。清の時代の中国では武の西郷、文の福沢、と並び称されていた。現代の韓国においては、西郷の征韓論はそれほど知られていない。橋川文三と安宇植との対談では、それは国内問題であると強調する。「ですから、あのとき西郷さんの渡韓使節が実現していたならば、じっくりと時間をかけて、双方が十分に納得しうる形で朝鮮開国にもっていくことが可能だったのではないか」と驚くべき指摘をしている。

アーネスト・サトウはマウンジーの『薩摩反乱記』について、横浜の英字紙『ジャパン・ガゼット』から書評を頼まれたが断った。１８７９（明治12）年６月22日の日記に次のように記している。

「六月二十二日　事件の経過や登場人物の措置について自分の意見を言わなければならず、それをあえてするわけにはゆかないという理由で、これを断った。この書評を書くとすれば、それは長いものになるであろうし、そしてまちがいなくこの本よりも、もっと歯に衣着せぬものになるであろう」（萩原延寿『西南戦争　遠い崖13』朝日文庫）

私の推測では西郷と接した者が抱く愛情（一日接すれば一日の愛）をサトウも感じていたのではないか。マウンジーの本では薩摩の軍隊を「賊軍」、「賊徒」と表現している。そこにも抵抗を感じていたに違いない。サトウは１８６２（文久２）年から１８６９（明治２）年にかけての７年間を「わたしの人生でもっとも充実した時期」と語っている。「同時代人」として、日本におけるイギリスの政策の中心人物として、西郷や勝海舟と親しく過ごしてきた。西南戦争勃発直後（２月11日）に、西郷は薩摩に住みついた医師ウィリス宅に滞在中のサトウを訪ねている。西郷にとってもサトウにとっても「今生の別れ」と感じていた。ウィリスも西郷にほれ込んで鹿児島で医療活動に従事していた。

西南戦争のさなか、官軍の優勢が伝えられてもウィリスは信用しない。

「もちろん、わたしは薩摩藩の勝利を願っています。かれらはわたしの友人たちだからです。いずれにせよわたしは薩摩の同情者と見なされるでしょうから、政府が勝利を収めれば非常に冷たい仕打ちをうけるものと覚悟しています」（ウィリスより長兄ジョージの夫人ファニーへの手紙、１８７７年４月12日付）（同書）

（手紙を出す）直前の3月の田原坂での薩軍大敗の報は伝わっていなかったのだろうか。ウイリスは義侠心にあふれ情にもろい好人物だ。

西郷隆盛の墓のところで書き漏らしたが、墓場の南口に勝海舟の歌碑があったようだ。

「ぬれぎぬを干そうともせず子供らがなすがままに果てし君かな」

下手な歌だが、「勝つぁん」らしい。

日本が西南戦争で失ったもの

石牟礼道子の小説は、熊本県でも鹿児島寄りの水俣弁で綴られている。

「そらもうああた、そん頃ん者にとってはおそろしかばっかり、御一新ちゅうても、何の事かわからんとですき」、「ここの村でも、いくさに加担《かた》って帰って来た人がおったですが、巡査隊にゃズーズー弁がおった如《ごた》る、多かったごたるち、話じゃったです。田原坂のいくさの始まる前、ここらあたり、巡査隊ちゅうのが、毎日々々大そう通りよって、賑やいよりましたげなです。それで上田あたりの人たちゃ、そん人たちを馬に載せて、よか駄賃稼ぎになって、馬持たん人は持たんなりに工夫して程よか稼ぎにはなったそうで、上田まで来て、坂梨まで馬に乗せて曳いてゆくけれども、駄賃稼ぎちゅうても怖ろしかもんだったと、わたしの父や、祖父さんが語りよりましたです。斬らんちゃ云いよるばってん、油断なできん。首どもちょんぎらるるなら、銭とったぐらいじゃねえちゅうて、みんな用心して、馬から下したならば銭貰うなり、後も見らんな逃げて帰りよったそうですな」（石牟礼道子『西南役伝説』講談社文芸文庫）

海からの艦砲射撃も、空からの焼夷弾も原爆もない時代の戦争では、まだ庶民には生きる道があった。

「本来政府の性は善ならずして注意す可きは只その悪さ加減の如何による」（福沢諭吉）

丸山眞男著『福沢諭吉の哲学』（岩波文庫）を読んでいると、こんな文章が出てきた。政治は、より悪くない方を選べと言われる。

「福沢が一貫して力説したのは経済・学問・教育・宗教等各領域における人民の多様かつ自主的な活動であり、彼が一貫して排除したのはこうした市民社会の領域への政治権力の進出ないし干渉であった」（同書）

西南戦争（西南の役）は明治維新の終わりと位置づけられる（明治10年・1877年）。明治政府が生まれてまもない頃だ。西郷にとっては自分が創った政府という気持ちだったろう。それがいつの間にかどうにもならない程醜悪な怪物に育ってしまった。最初から玉砕覚悟で戦いに臨んだ。西郷は、薩摩の裏切者ども、つまり冷酷無比の大久保、「死神」の山県などを一掃したかったに違いない。西郷は世界の情勢を知らなかった訳ではない。私学校の生徒達に福沢諭吉の『文明論の概略』を読むことを勧めていた。アジアに対する見方も「のちの日本のアジア主義者が唱えたような、日本を盟主とするといった、ああいう視点ではなかったと思うのです」（橋川文三『西郷隆盛紀行』朝日選書）。橋川はある種の普遍主義をもった陽明学の影響があると指摘している。橋川によれば「明治六年の征韓論においても、西郷さんは、誠という形でぶつかろうとするわけです」。
　福沢諭吉は「この国の重要人物で、政治の圏外では最高の有力者であり、『日本の教師』」（『ベルツの日記』岩波文庫）と評された。自らも文明開化の推進者を自負していた。だから西南戦争のような「内戦」に対して批判的かというと全く違う。
「今、西郷は兵を挙げて、大義名分を破りたりと云ふと雖《いえど》も、其大義名分は、今の政府に対しての大義名分なり、天下の道徳品行を害したるものに非《あら》ず」「西郷は決して自由改進を嫌ふに非ず、真実に文明の精神を慕ふ者と云ふべし」（『丁丑公論』より）
　なおこの書は明治10年、西南戦争の鎮定後直ちに書かれたが、「当時世間に憚《はばか》る所あるを以て」20年間発表されなかった。萩原延壽・藤田省三『瘦我慢《やせがまん》の精神』（朝日文庫）で読むことが出来る。
　西郷が兵を挙げた時は、反政府気分が全国に充満し、自由民権主義はことごとく西郷に期待していた。例えば民権派の対応で有名な例を挙げる。
「熊本民権派は、ルソーの民約論を泣き読みつつ、剣を取って薩軍に投じた」（遠山茂樹『明治維新』岩波文庫）
　熊本の自由民権運動の指導者宮崎八郎は、孫文の中国革命に参加した宮崎滔天《とうてん》の長兄だ。ルソーの思想を奉じる民権派がなぜ西郷に加担するのか？　宮崎八郎は、一度西郷に勝たせ、その後に自由民権の理想を実現する、と考えていた。さらに「土佐立志社の林有造・大江卓らは、西郷に呼応すべく武器購入を画策した。自由民権派は、この機を逃しては、藩閥政府を倒す機会は永久に失われるであろうと焦慮した」（同書より）。しかし混乱の中でなにひとつ実現することは出来なかった。

遠山茂樹は、「こんにちにいたるまで日本の政治に健康で強力な批判勢力をせしめない原因」は「西郷の敗北」にあるのではないか。「当時の自由民権運動は、階級的地盤の上でも、思想内容の上でも、農民一揆には、ある程度同情・接近は見せても、それ以上に『人民の戦』を組織する力も術もなかった」と説く。『明治維新』が発行されたのは１９５１年２月。敗戦から5年半しかたっていない。時代は、明治維新以来の近代化の結果としての大敗北、大破壊、大量の死者に直面して反戦気分に満ちていた。前年には朝鮮戦争が勃発し再軍備が始まる。「人民の戦」を組織する必要を遠山は痛感していたのだろう。

この文のすぐ後に、熊本城が薩軍に取り囲まれた時にも政府は勝利を疑わなかった、として次の手紙を引用している。

「実に竹槍連ほど、おそろしきものは御座なく候」（木戸孝允）

つまり、薩摩の軍隊との戦闘はたいしたことはない。「農民一揆ほど恐ろしいものはない」と木戸は見抜いていた。しかし農民の中にそれを統率し「革命」へ導く代表者を見出すことはなかった。

西南戦争にいあわせた外国人

萩原延壽の「西南戦争」（『遠い崖13―アーネスト・サトウ日記抄』）を読んでいると、次の文に出会った。

「みぞれの降りしきる中を、ぬかるみの道をすすむ。途中でふたりの『さむらい』とすれちがった。事件についての情報をいっぱい詰め込んだイギリス公使館のスパイというわけで、かれらはこのわたしを何処かで暗殺するために派遣されたものかもしれない、そういう不安をおぼえざるをえなかった」

そのとおりだ。西南戦争勃発の「現場」に居合わせ、西郷出陣までの経過を詳細に目撃した外国人は、サトウの他にいない。あれ、アーネスト・サトウの『一外交官の見た明治維新』に西南戦争のことが出てきただろうか？　あわてて岩波文庫（下）を読み返した。サトウの日記は明治2年で終わっている。この本には8年先の鹿児島現地の状況は出てこない。西南戦争の勃発は明治10年。サトウはこの間に英国に二度帰国している。日記自体は１８８９（明治22）年まで続いている。これを克明に追いかけたのが『遠い崖―アーネスト・サトウ日記抄』（萩原延壽、朝日文庫）14巻だ。

西郷―進歩と反動の二重のシンボル

西南戦争について、なるほど、と思ったのは渡辺京二と江藤淳の指摘だ。渡辺京二の『幻影の明治』（平凡社ライブラリー）第4章「士族反乱」の夢、より。

「しかし問題なのは、協同体が薩軍と共闘したことだろう。反動士族の私学校に加担したことによって、彼らは選択を誤ったものと、ふつうみなされている。だが、挙兵に当たって宮崎八郎は、武断主義の西郷に加担するのは主義に背くとなじられて、『西郷に天下とらせて、また謀反するたい』と放言したといわれる。このことは、八郎が西郷に二重性、ひいては西南戦争の二重性をはっきりみすえていたことを物語っている。

先にもふれたが、宮崎八郎は宮崎滔天の兄。滔天は後に孫文の盟友として革命運動に協力したことで知られる。渡辺は第5章「豪傑民権と博徒民権」の中で次のように紹介している。

「たとえば宮崎八郎が組織した熊本民権党は、典型的な士族民権でありますが、八郎自身の生家は豪農なのであります。八郎の父は剣士で村に道場を開いていたそうですが、西瓜がとれると馬にのって村の貧乏百姓たちに配って廻ったそうで、いわば村の殿さま、土豪なのです。子弟の教育だった男は畳の上で死ぬものではないなどと甚だ武士的である」

叛逆者は徹底的に殲滅せよ

江藤淳の『完本　南洲残影』(文春学藝ライブラリー)九「西郷星」より。

「殲滅《せんめつ》とはいうまでもなく、一兵も余さずに敵を打ち滅ぼすのである。もとより西郷の戦を起した西郷隆盛自身も、その例外であるわけがない。いかに不世出の英傑とはいえ、叛逆者はやはり叛逆者に過ぎない。国家は叛逆者に対して、それを否定する意志を貫徹させなければならないからである。もし西郷が精神気魄を価値とするのであれば、その精神気魄なるものをこそ抹殺しなければならない。もし国を想い、天皇を思う心が深いというのであれば、その心をこそ一斉射撃の標的としなければならない。精神もいらなければ、心もいらない。国家はつねに鉄の意志を以て、その歩武を堂々と進めるのみではないか。それが仮りに国家を殆《あやう》くし、皇室を誤まる歩みであったとしても」

国家権力の酷薄非情さを語っている。江藤の論理によれば、国を想う心が深ければ深いほど一斉射撃の標的となってしまう。轟音が止み、漂った硝煙が収まった後、見えてくる景色は何だろうか。敵は一人残らず血しぶきをあげて倒れた。誰も立ち上がる者はいない。結果として、攻めた側の国家も天皇も危うくなったのではないか。手術は「成功」したが患者は死んだ。それでも手術の腕を誇る愚かな医者のようだ。明治国家は一斉射撃の対象を沖縄へ、台湾へ、朝鮮へ、中国大陸へと広げてゆく。

11　近代日本医学の父

❖トク・ベルツ編『ベルツの日記』

明治期にお雇い外国人として29年も滞在したドイツ人医師エルウィン・フォン・ベルツの日記を、長男トクが編んだもの。

日記には天皇。皇后をはじめ元老、軍部の中枢との交流や、朝鮮問題に対する批判が含まれていた。１９３１年にドイツ語版がシュツットガルト市で出版され、８年後の１９３９年（昭和14年）に日独文化協会から翻訳本が出た。しかし「発表してはならぬこと」が多く、完全本はようやく日本の敗戦後の１９５３年（昭和28年）に発表された。

本書の底本は、菅沼竜太郎訳の岩波文庫版（上下巻、１９７９年）。

エルウィン・フォン・ベルツ

群馬県の伊香保《いかほ》温泉からさらに奥へ車で一時間以上、そこに川全体が温泉になっている場所がある。尻焼温泉だ。サルが石に腰かけて尻が焼けた、という伝説がある。

両側を林に囲まれた幅30ｍくらいの流れが見えてきた。低い橋を横切ると右手に古い旅館があった。左手の川岸に車を止める。川の中ほどには岩が露出している。川下に向かって右半分が浅い流れ、左半分が腰くらいまでの深さのようだ。早速水泳パンツをはいて入る。川の底から湧き出るお湯は、熱く冷たくまだらに流れている。ちょうど良い温度と深さの所を探して体を沈めた。お盆を浮かべてその上に日本酒のとっくりを載せ、にやにや笑いながら一人でちびりちびりやっているおじさんがいる。こちらは４人組で、本格的に炊飯器いっぱいのご飯と総菜を用意してきた。川の中でビールを飲み、岸に上がって昼飯を食べた。客はほとんど見かけなかった。20年近く前のことだ。

明治13（１８８０）年８月５日、ベルツは伊香保を訪ねている。１４０年前の話だ。

《人力車で朝の七時、前橋出発。九時、渋川（三里）。徒歩で伊香保へ。例によって大いに歓待された》

ということは以前にも滞在経験があることが分かる。

《午後、直ちに、伊香保の上方（千百メートル）一時間の距離にある硫黄蒸気浴の蒸湯へ》

徒歩での移動なので、私が訪ねた尻焼の手前にある温泉だったのだろう。ベルツはそこのお湯の状態に落胆し、伊香保の鉱泉で満足することにした。内務省に建白書を提出し、日本の温泉の改善案を示したのだが、資力がないために実施できない。

「そこで土地の人たちが自力でできることや、しようと思っていることを、実地にためしてみるつもりだ」と意欲を示している。

インターネットで「伊香保、ベルツ」と入れて探すと、伊香保温泉街の中に「ベルツの湯」があった。温度は低く、サービスも悪く「ベルツ博士が泣いてるぞ！」と書き込みがある。電話番号があったのでかけてみたが、使われていなかった。

エルウィン・ベルツは伊香保、草津、箱根などの温泉地を訪ねた。昔から硫黄の臭いとともに自然に熱湯が湧き出していたのだろう。

「江戸後期には湯治を兼ねた旅行が全国的に大ブームとなった。各地の湯場は客寄せのために温泉の効能を盛んに宣伝し、温泉番付や案内書が出版された。特に箱根は人気があった」

(asahi-net.or.jp 温泉の科学より)

ベルツは度々箱根を訪れ、「ミハラシ」と名付けた別荘まで持っていた。「日本鉱泉論」（1880年）、「持続性の温浴について」（1884年）という研究論文がある。1887（明治20）年には、箱根の大涌谷《おおわくだに》に大規模なクアハウス設立を企画し、「皇国の模範となるべき一大温泉場設立意見書」を宮内省に提出した。もし実現していたら日本の温泉医療と箱根の発展の歴史を大きく変えただろう。中国、インド、ヨーロッパにおいても名声を博するに違いない、と壮大な構想をベルツは持っていた。以上は「箱ぺデイア」より。

これから紹介する『ベルツの日記』にはそれほど温泉の話は出てこない。彼は東大医学部の「お雇い教師」として招かれ、滞日29年におよんだ。日記は長男のトク・ベルツがまとめた。明治の政府高官から天皇まで、往診した上流社会の人々の素顔が分かるのが貴重だ。

だが、日記を読むともっぱら国際情勢についての記述が多い。訳者あとがき（菅沼竜太郎）には、「在留外人の見た日露戦役裏面史」と表現されている。新聞記者ではつかめない秘密情報ばかりだ。ネタ元は日本政府のトップから各国公使まで。外国新聞や日本の新聞の号外まで奥深く幅広い。中には公使館付海軍武官で旅順港襲撃を観戦した唯一の外国武官！からの情報もあった。

明治38（１９０５）年、有栖川宮のもとで招宴が開かれた。岩倉公から「今度はいつ日本へ来られますか。あなたがおらないと、こちらの上流社会では不安だから」と打ち明けられている。それだけベルツの存在は大きかった（この「岩倉公」は岩倉具視の次男具貞《ともさだ》のことだろう）。

ベルツは日本から送った手紙の第二便（明治９・１８７６年６月26日）に、「日本においてドイツ医学が最大の信頼を寄せられている」と書いた。５年前に、日本の医学はドイツ医学を基に築くことに決まった。

《それにまた、日本のドイツ医学には一種の伝統があったのです。すでに十七世紀には、ドイツの探検家で医師のケンプフェルが、オランダの役人としてではありましたが、来朝しています。（略）それから、五十年前には、同じくオランダ人として（それ以外には入国の可能性がなかったので）ウルツブルクの医師フォン・シーボルトが来朝し、多数の門弟をだしましたが、そ

のうち若干のものは、自己の知識欲のため死罪にすら処せられなければならなかったほどです》

ベルツの同僚である「医学の教授はすべてドイツ人の手にあります」。東大におけるドイツ医学採用は、前に紹介した英人医師ウィリス・ウィリアムスの運命を変えた。日本政府がもし実践重視の英国医学を取り入れていれば、のちの陸軍における多数の脚気《かっけ》患者の発生も異常な数の死者もなかっただろう。

ウィリスの教えを受けた高木兼寛《かねひろ》は海軍の脚気患者をほとんどゼロにした。日本での評価は低かったが海外では絶賛された。高木については吉村昭『白い航跡』（講談社文庫）に詳しく描かれている。

「日本陸軍の朝鮮派兵から台湾平定までの戦死、戦病者の数について奇妙な現象が見られた。戦死者は九七七名、戦傷死者二九三名であったが、これに対して病気にかかって死亡した者は実に、二〇、一五九名に達し、圧倒的に多かったのである。第一位は脚気で三四、七八三名、（略）脚気患者で死亡したのは三、九四四名と脅威すべき数字で、戦死および戦傷死者合計の三倍以上にものぼっていたのである」

日露戦争ではさらにケタ違いに増えた。陸軍から出動した110万名以上のうち、戦死者は約4万7千名。

「傷病者は三五二、七〇〇余名で、そのうち脚気患者が実に二一一、六〇〇余名にも達していた。傷病者のうち死亡した者は三七、二〇〇余名であったが、脚気で死んだ者は二七、八〇〇余名という『古来東西ノ戦役中殆《ほとんど》ト類例ヲ見サル』戦慄すべき数であった」（『白い航跡』）

多数の死者を出した「戦犯」は指揮者の山縣有朋、そして森林太郎である。森は作家としては有名（森鷗外）だが、医学者としては最低と言わざるを得ない。森は山縣の短歌グループに名を連ねたり、今でいえば忖度が過ぎる。

ベルツも、脚気の原因は伝染性のものと考えていた。《食物がこれにいくらか関係のあることも確実だ。戦地の軍隊が、麦や豆を加えないで、ほとんど米だけで養われているのに、自分は大変驚いた。米は無機質の消耗を補う程度に十分、石灰質その他を含有していない。自分は陸軍省内の関係当局に交渉してみようと思う》（『ベルツの日記』）

しかし「関係当局」のトップがドイツ医学盲信で「脚気細菌原因説」を唱える森鷗外なのだから話にならない。森は「高木の白米原因説」を最後まで激しく攻撃して止まなかった。

革命の不穏な空気が広がってきた

時代をベルツが到着した頃に戻そう。明治に変わってまだ9年、攘夷の嵐は治まり、急速な「文明開化」に世の中は混乱していた。ベルツはかつての武士の中に「不平分子はいないのか厳密に観察」した。しかし《国民はすべてどこまでも無頓着の有様であり、政治などはほとんど全く意に介しないことがわかった》。

《かつてはあれほど恐れられた武士も、帯刀禁止令（注・明治9年）以来、多くは学生になって、外人を大いに安心させた》

しかし11月1日の手紙では「凶変突発―国内に革命！」として、熊本で陸軍兵舎が「百名あまりの武装した士族（サムライ）の襲撃をうけた」ことに驚いている。政府は前年に「讒謗《ざんぼう》律《りつ》」を布告し、著作物を通じて他人を毀損することに対する罰を定めた。政府に反対の出版人・新聞人は処罰され、この時、「入獄中の編集者は一〇名を下らぬ有様となった」。

ベルツは「現下の人民一般の面白からぬ気分に対して大いに責任のあるのは外字新聞、中でも第一に『デイリー・ヘラルド』紙であると思う」と指摘している。理由は、第一に賢明ではない。「国内の権力失墜を助長し、その結果、かれら自身にとっても危険なはずの革命を助成するから」。第二は間違っている。「止むをえないことだが今はまだその機に達していない国民に、出版の自由のような制度を与えようとすることは誤りであるからだ」。

おそらく母国である新興国ドイツの状況と比べながらの考察だ。当時のビスマルク体制は伊藤博文が模範とした。また彼自身、東洋のビスマルクと呼ばれることを好んだ。伊藤とベルツとは長い交流が続くことになる。

明治の重要人物たちとの付き合い

医者だから様々な人物から往診を求められる。明治16年、貴公子然とした青年から尋ねられた。

「先生、ひどい嚥下困難を呈する場合は、危険な徴候でしょうか？」

「その方はお幾つです？」

「五十二歳ですが」

「するとまあ、ただ事ではありませんね」

「実はわたしの父なのですが」

ベルツは「食堂癌の疑いがある」と告げた。

半年後、宮内省と文部省の役人から、勅命により至急次の船便で神戸へ立つよう依頼される。

「京都で重い病気にかかっている日本の最も重要な政治家の岩倉右大臣を見舞い、できる限り東京へ連れ帰ってほしい」

ベルツは岩倉に告げる。

「お気の毒ですが、ご容体は今のところ絶望です」

岩倉は、死ぬ前にベルリンにいる伊藤参議をすぐに召喚し、遺言を伝えたい。新憲法をもって帰朝するはずだが、何週間もかかる。

「それまで、もたさなければならないのだが、それができるでしょうか？」そして「これは決して自分一身の事がらではないのだ」と低い声で付け加えた。

しかし数週間後に臨終を迎える。岩倉は井上参議を呼びよせた。井上は岩倉の側近くにひざまずき耳を寄せて遺言を聞いた。ベルツは「反対側に数歩はなれてうずくまり、いつでも注射できる用意をしていた」。

このほか東宮（皇太子）の診察に呼ばれて、この2週間目立って体重が減ったことを知る。

「だから、体内のどこかで潜伏的に病勢が進んでいるかもしれない懸念があるわけだ」

ベルツの日記が「初めて世に出たのは昭和十八年のことだった」が、こうした皇室内のことが書かれているため、《「日記」の真髄ともいうべき日本の皇室、軍部、政治問題（ことに朝鮮の問題）に関する真相や批判は、とうていそのままの形で発表を許されるわけがなかった》（訳者あとがき）。

日露戦争、銃後の日本は

明治37（1904）年は、日露開戦の話でもちきりだ。

2月5日「平和の見込みは、もはやなきも同然、ロシアは遼陽に兵力を集中し、続々と先発部隊を鴨緑江に集めている」

2月6日「取引所の大暴落。」、「秘密動員！」、「予備兵が招集された。家の車夫は、嫁のある一人息子が応召されたので沈んでいる」

2月7日「交渉決裂　戦争！」

2月9日　開戦　第一報は7日に仁川港でロシアの巡洋艦、砲艦、大型新造船を拿捕。続報「わが軍は仁川に上陸し、直ちに京城へ向け、引き続き進撃中」。

「さきに韓廷ではロシア側に兵二千の派遣を要請したのだが、到着したのは、そのロシア兵ではなくて日本軍なのである」

首都の港口である仁川では「ロシアの軍艦が拿捕される有様！」、気の弱い韓廷にとって「恐慌であったはずだ！」と記している。

『ル・フィガロ』1904年2月号に掲載された諷刺画　「恐ろしい竿―日本の危ないパフォーマンス（本日デヴュー）」のキャプションがついている

2月10日「午後、ロシア公使館でお別れ。明日ローゼン男爵はヨーロッパへ立つ。（略）あれほど日本びいきのローゼン男爵も、今では（無理もないことだが）苦り切っている」

2月13日「今日、山縣元帥を対診した。もう久しいあいだ病気で、今度の戦争には、ただ助言する程度で関与しているにすぎない。元帥は伊藤侯、松方伯、井上伯と共に生き残り組の『元老』、すなわち『老人の顧問』を構成している」

この爺様たちが意外な力を発揮しだした。

2月16日「今度という今度は、さすがのドイツも、無敵ロシアのもろさ加減が、こうも暴露されたのを見ては、いよいよ目を覚まさざるを得ないだろう。なかんずくこれは、あからさまに日本人を軽侮し、一途にロシアを賛美してはばからなかった、東洋におけるわが海軍と役人の連中に良い薬だ」

2月20日「ふるった逸話―昨日、みすぼらしい一人の女が警察に出頭して、ロシアのスパイである亭主の捕縛を願い出た。警察では耳をそばだて、すぐさまその女を詳しく取り調べた。すると、女が買物に出た留守の間に、浮気な亭主がわずかばかりの女の持物いっさいをまとめて、逃げてしまったのであることがわかった。そこで女は、ロシアのスパイだといえば、亭主が早く捕まるだろうと思ったわけ」

街には「露探」という言葉がはやっていた。「露探」の嫌疑はベルツにも向かう。

3月2日　「今日はとんでもない、まったく夢にも思わなかったことが、自分の身にふりかかってきた―市民にロシアのスパイの嫌疑をうけているのだ！」

「すなわち日本政府は、自分に与えた勲章をことごとく返還するように命じ、自分は急に国外へ退散せねばならなくなったと称するのだ」

「さらに、主人たる自分がすぐさまヨーロッパへ立つ！　と聞いたので、米屋が馭者に、平常よりも早く米代を請求したことなどが判明した」

こうなると笑い話では済まされない。話は宮内大臣、警視総監にまで伝わり、区の警察署長が私服警官を連れてきて家に常駐することになった。「露探」の噂は、ドイツ・イギリス公使館と帝国ホテルの馭者たちから広まったらしい。ベルツは、ドイツの政策に不満を述べる。

《しかしながら、これこそ、われわれドイツの親露政策（あるいは、むしろロシア屈従と称した方がよい）の結果なのであって、われわれはこんな政策から、本国においてなんの利益をも得ないのみか、国外では、あらゆる不快を親しく味わねばならないのだ》

民衆と一体化した軍隊

明治37（1904）年、大英博物館の標本採集員として神戸に滞在中のゴードン・スミスは日露開戦後の2月15日に、次のように記す。

鉄道沿線の戦勝飾り
（『ゴードン・スミスの見た明治の日本』）

「列車は停車することなく汽笛を鳴らして夜通し走り抜け、汽船もひっきりなしに往来している音が聞こえ、人々は何が起こっているのかを知りながら、誰も目にしないうちに戦争が進行してゆく（略）」、「十日ばかりの間に少なくとも二万五千人以上の兵士が神戸を離れたはずだが、一人として通りで目にすることはなかった。おそらく兵士たちは夜の間に神戸に到着し、逃亡の恐れなどなく、すべての兵士が信頼されているのであろう、行軍することなく岸壁に集まり、個人個人が乗船して移動したようである。酒を一滴も飲まず、誰からの指示もないのに同一の行動をとるのは、ヨーロッパの軍人にはとても不可能である」

4月には、石清水八幡宮対岸の駅で次のような光景を目にする。

「上等の衣装を身に着け、赤い花飾りをした少し裕福な農家の若い女性たちが、列車が着くとおよそ三百人もの砲兵たちを出迎えて世話をするのだ。わずか二分ばかりの停車の間、全員に『男山八幡宮守護』と印刷されたお札を配り終えると、列車はふたたび動き出す」（伊井春樹『ゴードン・スミスの見た明治の日本』角川選書）

駅ごとに祝賀の旗と赤い提灯が飾られ、沿道では農家の人々が、列車から夜でも見えるように赤い提灯に火を灯し、吊るして出征兵士を見送る。スミスは静かに進行する戦争の光景を不思議な感慨にとらわれながら見ていた。

フランスの画家ビゴーは、民間の宿で軍隊が休息をとる様子をスケッチしている。日露開戦の前の軍事大演習の様子だ（『ビゴーが見た明治ニッポン』清水勲、講談社学術文庫）。

３人の兵隊が縁側にいる。一人は長靴を脱いで、座ってお茶を飲んでいる。一人は丸髷を結った女性から急須が載ったお盆を受け取っている。１メートルも離れていない所から、着物姿の親子連れが庭に立って見ている。もう一人は立ってポケットに左手を突っ込んでその様子を見下ろしている。奥にはすでに食事を始めている男たち、女中が給仕をしている。中央に目を移すと、縁側に立てかけられた銃、「つたや」と書かれた看板の下で、地面に腰を下ろした兵隊、横には職人らしい男が座っている。前には大鍋のかかったかまど、左端の、さし渡された板の上にはずらりと飯盒が並び、手前に大鍋、柄杓が入った水桶。奥には赤ん坊

軍事演習の前に休息をとる日本軍兵士
（『イリュストラシオン』1903年11月14日号）

を背負った女、俵をかつぐ男、背景にはおおぜいの兵隊たちが小さく描かれている。遠くには梯子が直立し、そこには広告用の気球がつながれているようだ（調べてみると広告気球が登場するのは10年ほど後のことだ）。もう一度よく見ると、宿屋の提灯が軒先に下がり、その飾り紐が、はるか後方の梯子に接しているように錯覚していたのだった。

この画は１９０３年11月14日号の『イリュストラシオン』に掲載された。ビゴーは「当時の世界の国々で、これほど住民と一体化した軍隊はあるだろうか、と言いたげである」。

ビゴーは日清戦争に従軍した経験がある。

「当時のフランス国民は仏露同盟下のロシアを強く信頼し、戦争が起これば簡単にロシア軍に打ちのめされるだろうと推測していた」

しかし「ビゴーは、日本軍は意外に手ごわいと確信していた数少ないフランス人だった」

（『ビゴーが見た明治ニッポン』より）

高まる反ドイツ感情

ベルツの日記に戻ろう。

３月24日「夜、イタリアのマレガリ公使のもとで晩餐会。公使夫妻は愛想のよい人で、いずれもドイツ語を話す。隣席のアメリカ公使館のファーガソン書記官は、ワシントンから帰任したばかりである。氏は、アメリカにおける全く熱狂的な日本声援振りを、新聞紙の感化によるユダヤ人の工作だと、述べた。実際、この現象には、何か特別の動機が存在するに相違ない。

そこに、なんだか不自然なところがあるからだ。アメリカの新聞を読むと、まるで日本の同盟国は、イギリスではなくて、アメリカであるかのような印象をうける」。

4月1日「ペリー祭。昨日、日本がアメリカと、すなわちそもそも外国と、最初に結んだ条約の五十周年記念祝賀会が盛大に催された。当時、この条約は国内全般から非難されたのである。しかるに今日では、以前の反対者の一人である大隈伯ですら、これに賛辞を呈している。日本側の演説者はすべて、いかに日本がアメリカに負うところ大であるか、いかにアメリカが日本に対し絶えず友好的であったかを強調した」。

黒船来襲から半世紀がたった。日本中の白人たちがテロにおびえた時代ははるか昔のことだ。

5月12日（ベルツは日露戦争中の日本でドイツの評判が日に日に悪化することを憂えている。皇帝は「黄禍論」を唱え日本をさげすんでいた）

「ベーベル（注・ドイツ社会民主党党首）がドイツ帝国議会で、政府の極端な親露的態度に関し質疑演説を行った」、「ドイツにおける外交的機略の欠如には、まったく泣き出したいくらいだ」、「このままで進めば、いつかドイツは、屈辱的に膠州湾から追払われることだろう。しかも、すべてが自業自得だ！」。

日露開戦の前だが、ベルリンの宮中舞踏会で皇帝がまた日本を侮辱した。

「『ロシアは、奴等にあまり譲歩をしすぎたよ。やつらの頭に、一つくらわす必要があるんだ』と。ドイツの元首はこう考え、こう語ったのだ。そこには、時局に対し、ほとんどなんらの認識もなければ、理解もない。情けない、まったく情けない！」

5月26日「ドイツでは、まだ奴隷根性があまりにも多すぎる。奴隷には、ののしるより他に手段がない。自身から手を出すことは許されないので、腹の立つのをののしって紛らすのだ。イギリスやアメリカの、もっと自由で男性的な気風こそ、海外にいるドイツ人の眼前に、まるで天啓のように現出するものだ」。

6月1日「奈良地方では、千人の異なる女性から一個ずつ結び目を作ってもらった布が、弾よけになると信じている」。

千人針が街頭で行われていた。女子が身に着けたものは、すべて弾よけになると信じられた。

「これはまるで中世期における騎士の婦人崇拝のようにきこえる」

しかし大阪では、最もふざけた説明が行われていた。

「女性なるものは、天性不浄である。ところで金属元素は、ことに不浄を忌むものであるから、弾丸はよけて通るのである」

女性たちは毎日欠かさず食事を作り、子供を産み育て、夫の両親に仕えて甲斐甲斐しく働いている。これが天性不浄な者の使命なのか。なによりも、その不浄な女性を妻にし、あるいは妾にし、危険をもかえりみず?、接している男たちは全身汚染の危険はないのか? これは騎士道とは真逆の女性蔑視ではないか。

9月16日（ベルツは草津温泉への小旅行のため軽井沢に泊まる。アングロ・サクソン系の新教伝道者が多い。信者たちは下界で汗を流しているのに、自分たちは3カ月も夏季休養をとっている。カトリックの牧師の禁欲、献身振りに比べ、彼らの活動は茶番狂言であり、キリストの使徒ではない、とこきお

ろす）

「これだから自分は、かれら宣教師たちに好意が持てないのであって、自身には何一つとして犠牲を課することなく、教えに従わずして貧をいとい、高原に別荘を構えてスポーツにふけり、あらゆる点で紳士（ジェントルマン）にひけをとるまいと努めているのだ」

9月19日（ベルツは軽井沢を朝4時半に出発し草津を訪れている）

「この道を、もう何度歩いたことか！　それなのに今日は、この道程が初めて辛くなりそうだった。そこで急に、五十五の年齢を意識するわけである」

軽井沢から草津までは42キロ。11時間も歩かねばならない。ベルツは草津の湯の素晴らしさを「お医者様でも草津の湯でも、恋の病はなおりゃせぬ」と有名な小唄を引用している。「普通あれほど難症の癩病ですら、往々にして全治することがあり、少くともたいていは快方に向うのを常とする」

驚異的な効能を持つ湯なのだが、土地の人々に各種の改革を提案しても受け入れられない。伊香保も同じだが、土地の人々は「妬みと争いで日を送っている有様だった」。

9月29日「今日、『フランクフルター・ツアイツング』紙のドクトル・クロッケにあう。かれも多数のドイツ人と同様、日本新聞の不快なドイツ攻撃により、親日から排日に転向してしまった」。

10月12日「またもや新聞紙は、四十二隻のドイツ汽船が、ロシアのバルチック艦隊に石炭の積込みを行っているとの報道を、でかでかと掲げている。多数のイギリス汽船については、黙殺だ」。

イギリスの政策は東アジアで思いのままにふるまうことだ。だから日本がバルチック艦隊をやっつけたりして強大になることを望んでいない。日本の新聞は、ロシアに味方するドイツ憎し、の論調にあふれている。ところがフランスが「バルチック艦隊にシェルブール港で石炭の積込みを許可すれば、なんの憎悪もなく、穏便にかたづけられるのだ」。

ベルツは明白な中立違反だ、と強調している。

11月19日（イギリスには甘い世論も、さすがに次の出来事は許せなかった）

「バルチック艦隊のスエズ運河通航に、でき得る限りの便宜が与えられる旨の報道は、当地で非常な驚きと憤りをひき起こした。（略）これが、日本の同盟国たるイギリスの好意なのだ！！」。

明治38（1905）年1月2日「旅順陥落！　大吉報―旅順開城す。日本にとって、なによりも素晴らしいお年玉である。」

1月24日（ロシアでは革命が近づいている）

「ネヴァ河畔で祝砲発射の際に、一発の榴弾が冬宮に撃ちこまれた」、さらに「明らかに政治的色彩を帯びた、広大な範囲にわたる同盟ストライキ」、「軍隊は民衆に向って発砲し、なかんずく労働者の指揮者たる青年司祭ガポールを殺した」。

ベルツは保守主義者らしからぬ感慨を抱く。

「ロシアにおける専制政治の没落が、ドイツにとっても幸いとなることを、自分は信じて疑わない」

2月26日「元来ドイツは、ロシアの敗北を心から歓迎するのが当然だと思う」というのはロシアはドイツの仇敵フランスの同盟国である、さらに「スラブ禍」は「黄禍」よりもはるかに大きくて近いからである。「この『スラブ禍』が、おそらく今後当分の間は、除かれてしまったのである」、「どうしてこうなったか？　それは日本のお陰だ！」

ベルツは、敵の敵は味方、というしごく当たり前の理屈を、本国ドイツが理解していないことにいら立っている。

3月26日「沼津では、ちょうど捕虜（注・ロシア兵）を載せた一列車が停車しているのを見た。およそ八百人もおったと思うが、たいていは頑丈で栄養佳良の、好人物らしい、しかも決して愚鈍とは見えない連中で、奇妙に雑多な服装をしていた」。

ベルツは、千葉には約1万5千人が演習場の習志野に、京都には無数のお寺に2万人が収容される、と聞いて次のように記している。

「まあ想像するがよい。日本政府は仏教の寺院を、キリスト教徒である捕虜の宿舎として、徴発するのだ、しかしそれが不潔極まる捕虜の宿舎と来ている！　おそらくいやな虫を一杯わかしているに違いない。後で坊さんたちは、掃除と消毒でてんてこ舞いだろう！」。

6月には、ベルツは日本人の妻を連れて帰国する。その前に大ニュースが飛び込んできた。

5月29日「対馬沖における日本海軍の稀有の大勝。海戦は二日間続いた。露艦は二十六隻だったが、うち十三隻は撃沈され、五隻は拿捕された。日本側は一隻として大型艦を失わなかっ

号外売り（『イリュストラシオン』1903年11月14日号）

た。三笠は損傷を受けたが、戦闘には差し支えない状態だった。水雷艇数隻が沈没した。勝利があまりにも圧倒的なので、もし公報があらゆる詳細な点を伝えていなかったならば、誰もほとんど信じなかっただろう。午前中はすっかり、号外！　号外！　だった。勝利の後でも、日本人は悠然と構えていた。一時間の後には、自分の居るホテルのおびただしい従業員たちは、平日と変らぬ穏やかな様子だった。もう戦争の話は出なかった。うれしいときのこのような悠揚さに、われわれ外人は皆、感服せざるを得ない」。

　6月9日（出発を前に皇居で天皇・皇后に引見されることになった。天皇はベルツを、皇后は特に妻ハナも一緒に引見された。天皇・皇后は共に、流行性感冒にかかり一昨日床上げしたばかりだった）

「（天皇は）自分が日本の学術のため、病者のため、ことにまた皇室のために力を尽くしたことに対して、深く満足の意を表せられた」

　続いて妻ハナと共に皇后のもとへ。

「皇后はまだ、話をされるのも苦しいほど、お悪い状態だった。一再ならず、お声が力なく途切れた。妻はドイツにとどまっているわれわれの息子についてお尋ねを受け、歳は幾つか、丈夫か、両親に会えてさぞかし悦ぶことであろうとのお言葉だった」

その後、ベルツは帰宅し、燕尾服を脱ぎ、フロックコートに着替え芝離宮へ。天皇の名代の山階宮の別離の宴に急ぐ。伊藤博文も出席した。

「伊藤侯は少し遅刻したが、上機嫌で現れて『遅れてすまなかったが、実は外相と大変重要な相談があったので』と自分にわびた」

ベルツは、講和問題が進展している、と考えた。宴を終え5時半には新橋駅を発って横浜へ。妻のハナは江戸っ子で、京都や神戸にいてもすぐに江戸へ帰りたがる。

「それなのに、故国と別れることについて、妻の口から一言の愚痴も聴かなかったし、その眼に一滴の涙も見なかった」

ベルツ夫妻は6月10日に横浜を出帆し、ヨーロッパへ旅立った。

12 トラブルを恐れぬレディ・トラベラー

❖イザベラ・バード『日本奥地紀行』

イギリスの紀行作家イザベラ・バードが、1878年、47歳の時に初来日、東京から北海道に旅行した記録をまとめた。彼女が妹にあてた44通の手紙集である。5月21日から12月18日にかけて函館から室蘭を経て白老や平取のアイヌ部落を訪れ、アイヌの民俗を詳しく記述している。貴重なアイヌ研究文献として知られている。

『日本奥地紀行』の初版は1880(明治12)年に2巻本で出版され、翌年までに4版を重ねた。日本では1973年の平凡社刊以降、さまざまな形で出版されている。

本書の底本は、高梨健吉訳の平凡社ライブラリー版(2000年)。

イザベラ・バード

『興亡の世界史　大英帝国という経験』（井野瀬久美惠著、講談社学術文庫）のなかに、イザベラ・バードは「レディ・トラベラーたち」の項で一瞬登場する。

この本によると彼女たちの共通点は、女性のひとり旅、年齢が三十代〜四十代、独身、資金は全て自己負担、出身階級はミドルクラス以上、トラブルと語源を同じくする「トラベル」にこだわった、礼儀正しく、信仰心に厚く、道徳的に厳格かつ高潔、きわめて高い知性の持ち主、女性参政権運動に無関心、ほとんどが旅の経験を出版していることを挙げている。

バードが日本を訪れたのは明治11（1878）年のことだ。前年に西南戦争が終わり、九州はまだ混沌としていたと想像できる。しかし彼女が向かう東北、北海道では10年前に争乱は治まっていた。

第一信は5月21日、横浜オリエンタルホテルから。第三信は6月7日、江戸の英国公使館から、とある。裕福な旅をしていることが分かる。英国婦人の一人旅には召使兼通訳が必要だ。あらわれた男は、「これほど愚鈍に見える日本人は見たことがない。しかしときどきすばやく盗み見するところから考えると、彼が鈍感であるというのは、こちらの勝手な想像かもしれない」。名は伊藤といった。

第三信には、このシリーズでおなじみの人物が登場する。日本書記官のアーネスト・サトウだ。原注には次のように書かれている。

《私が日本に滞在して何カ月か後に、教育ある日本人に、彼らの歴史、宗教、古代慣習などについて質問をすると、次のような返事をして私の質問をはぐらかされることが多かった。『サトウ氏におたずねになるがよいでしょう。あの方なら、あなたに教えてくれますよ』》

第五信にはチェンバレンが登場する。

《チェンバレン氏と私は人力車に乗り、お仕着せを着た三人の車夫がそれを引いて、公使館から浅草まで三マイル、雑踏する町の通りを急いだ》

チェンバレンは日本に38年間滞在し、古事記についての英語の論文や、琉球語の辞典を出し関係者を驚かせた。『日本事物誌』（全2巻）が東洋文庫から出ている。最近では山口栄鉄著『チェンバレンの琉球・沖縄発見』（芙蓉書房出版）が参考になる。バジル・ホール・チェンバレンという名前から察せられるように、２００年前に琉球を訪れたバジル・ホールの孫だ。


バードは洋装の女性は二人しか見ていない、と書いている。森有礼夫人と日本の香港領事夫人だ。バードには和装の方が好ましかった。

《ある日、西郷（従道）文部卿夫人が美しい和服を着て訪ねてきた。それは淡紅灰色の絹の縮《ちり》緬《めん》で淡紅色の下着も同じ材料のもので、頭のところと袖のところでちらりとそれをのぞかせていた。彼女の帯は、鮮やかな淡紅灰色の絹であちらこちらに淡紅色の花模様がうっすらと浮かんでいた。彼女は束髪の髷に一本のピンを挿しただけで、縁飾りや他の装飾は格別になかった》

淡紅色（あわいピンク色）が4回も出てくる。頭には帽子や付け毛などなく、すっきりと一本の簪《かんざし》だけ！　よほど上品で印象に残ったのだろう。

この時代の英国では「ふんわりとしたスカートの人気は衰退し、女性たちはより細身のシルエットを求めて努力するようになった。それによって、コルセットを着用した腰やウエスト、脚の上部あたりは極めてぴったりとしていた形をしていた。当時の雑誌（パンチ）にはぴったりとしたドレスのせいで座ることも階段をのぼることもできない女性の漫画がたくさん掲載されていた（「ヴィクトリア朝の服飾」ウィキペディアより）。

いまで言えば＃Kutooだ。

バードは西郷夫人の「和装の姿は優美で威厳があった。洋装であったら、まったくその逆に見えたであろう」と記している。

英国婦人の一人旅はじまる

１８７８（明治11）年、６月10日、バードの旅行の準備は以下の通り。

《私には折り畳み式椅子がある。日本の家屋には、床しか腰を下ろすところがなく、寄りかかるべき堅固な壁もないからだ。それから人力車旅行のための空気枕、ゴム製の浴槽、敷布、毛布、そして最後に最も大切な寝台。これは軽い柱をつけた画布台で、二分間で組み立てることができる。高さは二フィート半だから、蚤を安全に避けることができるだろう》

初日の宿は粕壁（注・現在の埼玉県春日部市）だった。

《大きくて老朽の建物で、少なくも三十人の召使いが大きな台所で忙しそうに働いていた》が、《部屋には、かぎ、棚、手摺など何か物をかけるものが、一つとしてなかった。部屋は要するに空っぽで、畳しか敷いてなかった》。

畳には無数の蚤が、隣の部屋からは幾人かの細長い眼が、外ではドンドンと太鼓の音が……彼女を悩ませる。そして「私のお金はそのへんにころがっていた」、「井戸は汚れている」、「盗難ばかりでなく、病気の心配までせねばならない！　私はそんなことをわけもなく考えていた」。その後、原注には（おそらく有名な）次の文章が記されている。

「私の心配は、女性の一人旅としては、まったく当然のことではあったが、実際は、少しも正当な理由がなかった。私はそれから奥地や北海道（エゾ）を一二〇〇マイルにわたって旅をしたが、まったく安全で、しかも心配もなかった。世界中で日本ほど、婦人が危険にも不作法な目にもあわず、まったく安全に旅行できる国はないと私は信じている」

ある夜、簡易ベッドの布は破れて身体は沈み込み、ついには「二組の架台を結びつけている棒の鋭い背中に横たわって、蚤や蚊の犠牲者となり、まったくお手上げの状態となった」。

3時間近くじっとしていた。真夜中近くに二人の制服警官が訪ねて来る。逆にバードはほっとする。彼らは旅券を写しに来たのだった。バードはちゃんと自分の名が登録されていることに安心する。

「それから日本政府も、特別な理由により、外国人に政府の全知全能ぶりを印象づけたいと思っているから、私の安全に対して責任があるのである」

なにしろ旅券の発行者は英国公使のサー・H・パークスである。水戸黄門の印籠、敗戦直後のマッカーサー命令みたいなもので（と言ってもピンと来るひとは少ないかもしれないが）、落ち度があっては地元警察の署長のクビが飛ぶ、くらいのスゴ味はあったのだろう。
こうしてバードの旅は無事にスタートする。これから彼女を苦しめるのは「私的生活（プライバシー）の欠如、悪臭、蚤や蚊」だけであった。

壁に耳あり、障子に目あり、悪魔的な騒音あり

当時の、日本の「旅行」は「旅の恥はかき捨て」という言葉がぴったりの、アナーキーなものであったらしい。隣の部屋で太鼓、鼓《つづみ》、琴、三味線がかき鳴らされて眠れない。走り回ったり、水を飛ばす音（?!）がいつまでも続く。
《夜おそく、私の部屋の危なっかしい障子が偶然に倒れ、浮かれ騒ぎの場面が眼前に展開した。たくさんの人々が温浴しており、お互いに湯を投げかけていた》
（この部分、最初は混浴と読み違えた。さすがに部屋の中で男女入り混じっての「入浴」ではなかったらしいが、いったい何をしていたのだろうか?）
バードは日光に約2週間滞在し、6月24日、栃木県の藤原に着いた。規律の欠如は、人間だけではない。野良犬は吠えたり喧嘩したり、夜明けまで遠吠えしたりうなったりする。
《暗くなると、甲虫《かぶとむし》、くも、わらじ虫が出てきてばか騒ぎをやるのであった》
無理もない。住居も納屋も馬小屋も一軒の家の中にあるのだ。

《どの納屋でも、人々は裸身となって種々の仕事に励んでいた。駄馬が頭から尻尾まで綱で結び付けられて米と酒を積んで進む行列や、桑の葉をいっぱい入れた大きな籠を男や女が運ぶ姿に出会った。峡谷はますます美しくなってきた》

通訳の伊藤は《利口で、旅行中はよく気がつき、異常な知能をもっているので、毎日私を驚かせる》、《毎日彼は、私が用いるが彼にはよく分からない単語を全部ノートに書きつけて、晩になると私のところにもってきて、その意味と綴りを習い、日本語訳をつける。彼はすでに多くの本職の通訳よりもずっとうまく英語を話す。しかし彼がアメリカ人の使用する俗語や不遠慮な癖を真似しなかったら、もっと好感がもてるのだが》。

伊藤は18歳だが、「決して良い少年ではない」とバードは記す。《彼は外国人を嫌っている。彼の態度は実に不愉快なことが多い。それでも私は、彼よりも役に立つ召使い兼通訳を雇えたかどうか疑わしい》、《彼が自分の目的をかなえるためなら嘘もつくし、私に見られないならとことんまで上前をはねていることは疑いない》。

夜になると、バードはこの少年に、時計と旅券、金の半分を預けていた。夜逃げされたらどうなるか、時々考えていた。それでも「私は彼が少しでも私を欺すとは思わない」。

ややいかがわしい少年である伊藤も、バードにいかがわしい行為をすることはなかった。それに女の一人旅でバードが不安に陥ることはなかった。宮本常一は『イザベラ・バードの旅』（講談社学術文庫）で、「その同じ時期に東海道の女の一人旅はしょっちゅう見られたのです」と記している。彼が比べたのは１８５９（安政６）年に書かれたディッケンズの『二都物語』

だ。「凶器所持の押しこみ強盗や公道追剥《おいはぎ》が、首都ロンドンでさえ、毎晩のように行われた」。ロンドンからドーバー行きの駅伝馬車の武器箱の中を見てみよう。「いちばん底に短剣が一ふり、その上には装填ずみのホース（大型）ピストルが七、八丁、そしていちばん上にはラッパ銃が一丁はいっていた」（『二都物語』、新潮文庫）

武器満載でなければ駅伝馬車といえども走り通すことはできなかったのである。

6月30日　車峠（現在の福島県耶麻郡西会津町）

《宿の亭主の小さな男の子は、とてもひどい咳で苦しんでいた。そこで私はクロロダインを数粒この子に飲ませたら、すべて苦しみが和らいだ》

《治療の話が翌朝早くから近所に広まり、五時ごろまでには、ほとんど村中の人たちが、私の部屋の外に集まってきた》

皮膚病、やけど頭、たむし、眼炎……。原因は着物を洗濯しない、皮膚を水で洗わないなど。《部屋の空気は、多くの人の吐く息で汚れ、じめじめした床下からの毒気や、火鉢から出る炭火のガスのために汚されても、空気を換えることはできない》

原注には、《多くの不愉快なことはやむをえず省略した》が、《農民の生活を忠実に描写》した。《国民大衆の水準をあげようと努力している政府のために、その遭遇すると思われる多くの困難の事がらのいくつかを説明するのに役立てたい、というのが私の望みである》と述べている。

8月5日　黒石（現在の青森県黒石市、十和田八幡平国立公園北西の玄関口）

ちょうど祭が開かれていた。バードは帽子をかぶらず、着物を着て出かけたので「全く外国婦人と認められずにすんだ」。祭りの《行列は、八月の第一週に毎夜七時から十時まで町中を練り歩く》。大きな箱の中に祈願が書かれ、紙片は川に流される。人の高さほどの太鼓が打ち鳴らされ、何百もの提灯が運ばれる。そこにはあらゆる種類の奇獣怪獣が極彩色で描かれている。大人や子供たちが円い提灯を持ってその後に続く。

《私はこのように全くお伽噺の中に出てくるような光景を今まで見たことがない》

七夕の祭りを見てバードの心安らぐ気持ちが伝わってくる。

彼女が訪れたのは明治11（1878）年のことだ。25年前、「東北の一隅で、もしかすると黒船以上に大きな事件が起っていた。かなり長期間にわたって、外部に対して事実を伏せていたので、地方的な事件でもあり一般には知られずにいた」（大佛次郎『天皇の世紀』（1）、文春文庫）。

「これは南部領の農民が三万人近い大人数で、田畑を捨て集団となって雪崩のように領内を横断し、隣国の仙台領に入って保護を求めた事件であった」

江戸時代に、行き詰って村ごと逃散する例はあった。農民にとっては耕作地を離れることは野垂れ死にを意味する。南部領の大事件は嘉永6（1853）年、ペリーの黒船が浦賀にあらわれるわずか1週間前だ。こうした大規模な逃散は「江戸幕府創始以来、一度だって見なかった出来事である」、「百姓は社会経済の変化とともに住みにくくなる一方で、いつも天災を受けとめる役に立たされていた」。

最大の天災は飢饉である。天明の飢饉では「南部藩の総人口の四分の一に当る七万五千百八十人が餓死した」。天明6（1786）年、飢饉の3年後に現地を訪れた橘南谿の記録によれば、「先ず出羽国秋田を過ぎて東北の方に入る事数十里ばかりなりしに、路傍に人の髑髏あるいは手足の骨などあり。皆、いと白がれたり。異様なるもの見るも不詳なりとて顔をそむけて通り過ぎつるに、一里一里進み行くほどに甚だ枯骨多く、朝の間は五つ見し午後過ぎて十四、五も見しと言うほどに、その翌日は二、三十も見つれ、またその翌日は五、六十もありというにぞ。後には見なれて格別に不詳とも覚えず、杖もて動かし見るに火葬せし髑髏と違い生骨の事なれば、牙歯も全く備わり、婦人の顔あり、小児の頭あり、（略）」（『天皇の世紀（1）』）

バードが歩いている東北は、過去に地獄を度々経験していた。

ザ・グレート・ゲーム（英露の中央アジア争奪戦）の陰で

イザベラ・ルーシー・バードは1831年10月15日、イングランド北部の町バラブリッジに生まれた。両親はエドワードとドーラ。イザベラと三つ歳下のヘンリエッタという二人の娘に恵まれた。二人とも病弱だったので極力戸外に連れ出した。そして「自身が詳しかった植物をはじめとする、目に見えるあらゆるものへの関心を持つように教育しました。このような訓練によって彼女は、地理や歴史を含む幅広い知識を貯えるとともに、正確な観察や、目視による距離・面積・高度の把握など、すぐれた旅人に必須の能力を身につけていったのです。早くも四歳で馬に乗り始めたことも、後年大きく役立ちました」（金坂清則『イザベラ・バードと日本の旅』平凡社新書）。

バードは５つの大陸を旅し、「14冊の著書や2冊の写真集、賛美歌、評論、ルポルタージュ、地誌等々の諸ジャンルにわたる約１５０編もの作品を各種の雑誌や新聞に発表」している。特に「ペルシャの旅は、ペルシャを戦略的に重視し、中央アジアの覇権を巡ってロシアとの間にいわゆるグレート・ゲームを展開していた英国という国家と直接結びついていたのです」（同書）。

突然話が飛ぶが、中学生の時にシャーロックホームズのシリーズを読んだ。ホームズの友人・ワトソン君がアフガニスタンで怪我をした話が出てきた。なぜそんな遠い地で？　いやそもそもアフガニスタンがどこにあるかも知らなかった（後で知ったが「ワトソン君」の怪我は軍医として従軍したアフガン戦争でのことだった）。

１９７９年11月、イランの米大使館がイスラム革命のシーア派学生に占拠された。12月に、私は取材のためテヘランに向かった。クリスマス・イブの日に、ソ連軍がアフガンに侵攻したニュースが流れた。アフガニスタンってどこだ？……隣か、危ない！　私が、アフガンの場所を確認したのはホームズを読んだ四半世紀後のことだった。

バードの北海道への旅は、英国公使パークスの目的とも一致する。すなわちロシアはどの程度北海道へ浸透しているのか？　彼らと接するアイヌたちの実情は？

キリスト像に似たアイヌ人

１８７８（明治11）年８月12日、「１月以来最大の強風だといわれた」嵐のなか、津軽海峡を渡る。

８月17日、「私はふたたび荒野へ入った。私はさびしい湖の上にほとんど突き出して造られた家の二階から外に身体を出して座っている。湖は沈んでゆく夕陽の中で森の茂った岬を紫色にし、静かな影の色を深めている。多くの男たちが近くの山腹から、槍で倒したばかりの熊の死骸を引き摺り下ろしている」。

まぎれもなくアイヌの村である。珍しく一人で馬に乗っている。「開拓使（北海道庁）のもので、蹄鉄をつけて堂々としている」。当地のユースデン領事のおかげで知事から証文をもらい、役人の巡回出張に使用するため維持してある家で優先的に宿泊する権利」などを得た。

《北海道では人々はやたらと酒を飲み、貧しいアイヌ人も無茶苦茶に飲む》

室蘭まで船で移動、幌別の村に入る。アイヌ人と日本人が混住している。「四十七戸のアイヌ人にたいし日本人はただの十八戸である。アイヌ村は実際よりも大きく見える。ほとんどの家が倉をもっているからである」、「ポリネシアの家屋に似ている」。

木の枠の上に葦で組まれた倉の絵が添えられている。

白老《しらおい》では、少年たちを見て、どの民族よりもエスキモー人のタイプに近い、と感じる。「髭はなく、唇は厚く、口はとても大きかった」。

純粋のアイヌ人ではないが、一人の大人は《黒髪もそれほど濃くはなく、髪も髭もところど

アイヌの倉（『日本奥地紀行』）

ころ金褐色に輝いていた。私はその顔形といい、表情といい、これほど美しい顔を見たことがないように思える。高貴で悲しげな、うっとりと夢見るような、柔和で知的な顔立ちをしている。未開人の顔つきというよりも、むしろサー・ノエル・パトン（英国の歴史画家）の描くキリスト像の顔に似ている》。

湧別《ゆうべつ》に来た。

「伊藤は、こんなところに二日も滞在したら死んでしまう、と言っている。ここは、荒れ果てた淋しさがこれ以上はあるまいと思われるような、地の果てといった感じがする」

浜辺は何マイルにもわたって奇妙な形をした白い流木や、森林の樹木の壊れた残骸、何カ月も波に揉まれた船の残骸で厚くおおわれている。

「船の残骸は、帆柱を持ち上げつつ
もの淋しき荒海を漂う。
いつまでも流れ、流れて

アイヌ（『日本奥地紀行』）

定めなき海原をさまよう
すべてはふたたび安らぎを得たり」

バードは「なんという気味の悪い安らぎであろう！　しかし大波の深く轟く音は音楽的であった（略）」、「大自然は、そのままの姿にほうっておかれた場合には、音も色彩も、決して不調和なものを作り出さないものである」と綴る。

大自然の営みに調和を見る、という考え方は、キリスト教的なのかもしれない。万能の神の存在を信じればこそ自然にも調和がある、と感じるのだろうか。

信心の足りぬ私としては、荒れ果てた海辺には全てが滅びた後の風景を見る。波にもまれて流れ着く無数の白い小片、流木や船の残骸のように白骨が重なった海辺……諸行無常。

バードは平取のアイヌ村で二晩過ごす。

《間もなくまた未開人の集まりが始まる。想像できるだろうが、彼らには気晴らしがたくさんある。このとき未開人は床の中央の囲炉裏の傍から盆を取り上げ、両手をひろげ、彼の顔の方に手を振って私に挨拶をする。それから酒に棒（ひげべら）を浸し、神に対して六回神酒を捧げる。そのとき、削りかけの房飾りをつけた真っ直ぐな棒を部屋の床に立てる。それから彼は自分に向かって数回盆を振り、火に向かって献酒してから酒を飲む。他に十人の男女が囲炉裏の両側に座っている》

《彼らは無知のどん底にあり、文字をもたず、千以上の数も知らない。彼らは樹皮の衣服をまとい、鞣（なめ）していない獣皮の服装をしている。彼らは熊や太陽、月、火、水、その他いろいろなものを崇拝する。彼らは文明化できない人たちであり、まったくどうにもできない未開人である。それにもかかわらず、彼らは魅力的で、私の心をひきつけるものがある》

19世紀になって「高貴な野蛮人」というイメージが流行する。バードはアイヌ人たちに「高貴」と「愚鈍」を同時に見ている。

『日本奥地紀行』の後半の１７０ページ（全体の約3分の1）はアイヌ村での観察である。

イザベラ・バードは当時47歳、その後20年以上にわたって世界各地を訪ねた。１８９１年に60歳でスコットランド地理学会特別会員に推薦された。１８９３年にはヴィクトリア女王に謁見。英国地理学会特別会員にえらばれた。70歳で6カ月にわたりモロッコを旅行。72歳で病没。

第2部

幕末・明治
サイド・ストーリー

「悪の枢軸」英仏の毒牙が日本に届かなかった訳

幕末日本の幸運は、ちょっとした「時差」でイギリスとフランスという「悪の枢軸」「ならずもの国家」が日本に手を出せなかったことだ。

1853年にアメリカのペリーが江戸へやってきた直後にロシアのプチャーチンが長崎へ着いた。日本危うし！　だが中東のオスマン帝国、インドのムガル帝国、そして隣の清朝が次々と浸食されてゆく中で日本は植民地化を免れる。『黒船以降』（中村彰彦・山内昌之著、中公文庫）を見てみよう。

「山内　しかし『悪の枢軸』がクリミア戦争やアロー戦争でロシアや清国の政局に手一杯で、日本に手を出す余裕がなかったのは日本の近代化にとって幸運でした」

山内は幸運だった第一の要因として《アヘン戦争の教訓を学ぶことが出来たこと》をあげる。高杉晋作はアヘン戦争を現地で見ている。《もちろん幕閣の要路や実務官僚たちは中国の悲惨な結末を知っていた》（同書より）。

第二の幸運は、《ペリーが来航した嘉永六年、すなわち一八五三年に南京がちょうど太平天国軍に占領されたばかりだったということです。（略）内戦がどれだけの惨禍をもたらすかという教訓を隣国の事件から学ぶことで、幕府の対外政策は大きな影響を受けたといってよいでしょう》（日清・日露までは、日本政府は無用な戦争や内戦を避ける理性や判断力を持っていた。最大の内戦である西南戦争では約1万5千人の死者を出しているが、この時は政府の生存そのものが危うかったので理性や判断力をかなぐり捨てたのだろうか）。

第三は英仏が中国にかかりきりだったこと、1854年にはロシアとオスマン帝国とのクリミア戦争に、英仏がオスマン側に立って参戦したことをあげる。

《アジア大陸部の東端と西端に巨大なエネルギーを割いたために獰猛な植民地政策や軍事戦略の矛先が、日本に向かわなかったということですね》

「国民」「ネーション」の意識が芽生える

別の著書で山内は次のように指摘する。

「日本とドイツに共通するのは、外からの強い圧迫が『国民』や『ネーション』を成立させる圧力となったことである。ナポレオン三世のフランスは、ルイ十四世以来の自然国境論をふりかざしてライン川左岸を併呑しようとした。また、ペリー来航の驚き、欧米の四国艦隊による下関攻撃や薩英戦争による敗北と領土喪失の危険などは、河竹黙阿弥のひそみにならうなら、日本が『盗まれるかもしれない』という恐怖や不安を、『盗む』という実際の行為をこえて肥大化させ、実体化させたのである」（山内昌之『帝国とナショナリズム』岩波現代文庫）

例として肥後藩士である宮部鼎蔵《みやべていぞう》が米艦の浦賀闖入《ちんにゅう》の報に接して発したという言葉を引いている。

「実以今般の一件皇国開闢《かいびゃく》以来の汚辱これにすぎず、苟《いやしく》も有志の士、扼腕切歯せざる者はこれあるまじく存ぜられ候」(同書)。宮部は元治元年(1864年)、京都の池田屋で新選組の襲撃に遭い殺された。

君死にたまふことなかれ

武士道が唱えられたのは、実は明治に入って武士がいなくなった後であった。

「武士道の宣布が明治4年の徴兵制の発布とともに始まった。それは日本人はすべて武士であり、したがって兵士とならなければならないことを意味する。(略)また、新渡戸稲造は西洋の騎士道とパラレルなものとして、英文で『武士道』を書いた」(柄谷行人『世界史の実験』岩波新書)

当然、徴兵制に対する批判も出てくる。

「例えば、日露戦争の際に、与謝野晶子は『あゝをとうとよ、君を泣く、君死にたまふことなかれ』と歌った。武家ではなく堺の商人《あきびと》の子なのだから、戦《いくさ》で死ぬなどということは『家のおきて』にない、というのだ。明治末にはこのような感覚がまだ残っていたのである」(同書)

だいたいが「武士道とは死ぬことと見つけたり」(葉隠)などという戯言《たわごと》は、

「徳川時代に武士が都市に住み、戦もしなくなってからの話にすぎない。要するに武士道とは、武士が不用となった時代に生まれた観念でしかなかった」(同書)

自覚的にうそをつく組織としての官僚制度

ある特別な機会に、役人のひとりが、故意に前言に反したことを言ったのを一外国代表が見つけて、いささかぶっきらぼうに、『こんな見えすいた嘘をついても、良心に恥ずかしくないのか』と質問した。すると相手は、落ち着きはらって、すこしも動ずることなく、次のように答えたものだ。

「わたしは、先月、かくかくのことがなされたと申しあげた。だが、いまは、それが全然なされていないということをお知らせする。わたしは、うけた命令を実行し、いえと命じられたことをいうのを任務とする役人にすぎない。それが真実であるとかないとかということは、わたしにはなんの関係もない」と（『日本の百年1　御一新の嵐』ちくま学芸文庫）。

この本の編著者である鶴見俊輔氏は『大君の都』（オールコック）を引用しながら、「自覚的にうそをつく組織としての徳川時代の官僚制度、そのなかに育てられた無気力な上級武士の姿がここにしっかりととらえられている」と慨嘆している。しかしオールコック（4章に登場）は、こうした「忖度精神」に縛られた武士たちの嘘に苛立ちながらも、その支配を離れ新しい文明をつくり出す人々の姿を見ている。

「かれらがこれまでに到達したものよりもより高度な、そしてよりすぐれた文明を受け入れる能力は、中国人をも含む他のいかなる東洋の国民の能力よりも、はるかに大きいものとわたしは考える」

オールコックの予言は、一部は当たったが、まさか１５０年後に嘘付きやセクハラの類が日本の行政の中枢に居座っていようとは思ってもみなかっただろう。日本の文明は退化しているのではないか。沖縄から見ていると、日本は薬物中毒者かＫＫＫなどの狂信者グループが支配しているような不気味ささえ感じる。

幕末暗殺あるある、恐怖の逆ロシアンルーレット

野口武彦『幕末気分』（講談社文庫）の「幕末の遊兵隊」の中に面白いエピソードを見つけた。以下長くなるが引用する。

「慶応元年（一八六五）五月、長州征討の大軍が江戸を出発した」

大時代のパレードと共に幕府軍は東海道を西下する。兵士たちの間には脱落、乱心、病欠、失踪、自殺が相次ぐ。大阪に駐留してからは翌慶応２年（１８６６）６月に長州国境で戦闘が始まるまで無慮一年以上、無駄に時間を潰していた。彼らは連日遊び呆けていた。

「これだけみごとに物見遊山気分だった兵隊はあまり類例がないだろう」

士気は低く、泥酔して刀を振り回す輩もいた。そして事件は慶応２年（１８６６）３月21日

に起きた。

「森文太郎という57歳の御徒目付《おかちめつけ》が、それまで何の問題もなく勤めていたが、この日の夜九つ時（午前零時頃）、抜き身を手にして同役の寝所に忍び入り、よく寝入っていた御徒目付大岩啓之進の上にまたがり、突き刺して殺した」

そこから話は奇怪な方向に向かっていく。森の処置に困って、御目付からの指図をあおぐ。すると考えられない返答が来た。

「同役で内々に文太郎の首を討ってはくれまいか。そうすれば加害者・被害者双方の家が取り潰されずに済むように計らおう。さもないと両家お家断絶になるぞ」

つまりお前たちはこの問題を外に出すことなく、森を秘密裏に処刑せよ、という命令だ。

「御徒目付というのは、普通ならしっかりした人物が就くことを想定されている役職である。それがこの有様なのだ」

やむなく仲間でくじ引きして、当たった男が深夜に出かけて森の首を落とした。

暗殺の執行人をくじ引きで決めるとはロシアンルーレットの逆ヴァージョンではないか。ご存じのようにロシアンルーレットは6連発の弾倉に1つだけ弾を入れる。こめかみに銃を当てて引き金を引く。死ぬ確率は最初は6分の1（16・7％）、人が変るごとに6分の2（33・3％）、6分の3（50％）、6分の4（66・7％）、6分の5（83・3％）と進んでゆく。ここまで実弾が発射されなければ6回目に当った者は確実に死ぬ。2人でゲームを始めたら後手が不利だ。この事件の場合、処刑担当者のくじ引きはどうやったのか分からない。御徒目付の役人たちは戦々恐々としてくじを引いたに違いない。もし当たれば自分が首切りに行かされる。この時、貧乏くじを引かされたのは藤田重蔵という男だった。かわいそうに。この間の事情を記した「在京在阪中日記」には「文太郎儀は26日に切腹いたし候事」と記されているそうだ。もちろん体裁を繕っただけだ。現実には仲間内で処理してしまったのだ。著者の野口武彦氏は「突如狂乱するという行動化のパターンが社会にかなり行き渡っているのだ」としている。森文太郎の狂乱も、責任逃れのため仲間内で処刑してしまう感覚の鈍麻も「まさに世の末」であった。時代は暗殺気分、無責任気分に満ち満ちていた。

テロに脅える犬たち

ここで犬というのは見廻り組や警察のスパイなどのことではなく、本物の犬のことである。犬は3万年も人間と連れ添っているそうだ。その間に、悲しい表情をすることを覚え、人間の同情を買って生き残る作戦を手にした。狼時代にはなかった高等戦術かもしれぬ。しかし幕末・明治のガサツな武士たちからは「あわれな眼つきばすんな」と無視された。

「狗は中国では食用としていたためでもあるか、鶏犬《けいけん》と称してはやくから各家の有であったが、日本では久しい後まで村の犬というのがあって、従ってまた無価値であった。……家に飼い犬が流行《はや》ると、村の犬は顧《かえり》みられない。のら犬といったところが野犬ではないのに、年々不用となって手袋の皮などにする数が、驚くほどに多いのである。犬が果たして家畜というものならば、これは実にだらしのない放牧であった」（柳田國男『明治大正史　世相篇』講談社学術文庫）

犬皮の手袋をつける、犬を食べる、というとひるむ人が多いだろう。私は中国で何度も食べた。牛や豚と違ってちょっと覚悟が必要だった。ちなみに私は十二支の動物のうち内、申（さる）を除いて全部口にしたことがある。もっとも寅（虎）は猫で、辰（龍）は蛇で代用されていたが。

犬たちの明治維新

『犬たちの明治維新』（仁科邦男著、草思社文庫）という本がある。副題は「ポチの誕生」。冒頭に、柳田國男の「犬は無価値であり値段がなかった」という文が紹介されている。値段が付いていたのは座敷狗のチン（狆）だけ。江戸時代には小鳥と一緒に鳥屋で売っていた。

「日本人が犬にも値段があることを知ったのは横浜が開港し、新しく造成された居住地に西洋人が住み始めてからのちのことである」（同書）

五代将軍・綱吉は「生類憐みの令」を発し、犬をやたらに大事にしたことで知られている。それ以前には鷹狩の餌にするため、「幕府や大藩では石高に応じて村々に犬を供出させていた」。

これは知らなかった。映画「トム・ジョーンズの華麗な冒険」で、兎を犬たちが追いかけ、貴族たちが馬を走らせる兎狩りのシーンがあった。鷹狩も同じように鷹を放ち、兎などを捕まえる遊びだと思っていたが、追いかける方も無事では済まない。プロの狩猟犬以外の、駆り出された駄犬たちは鷹の餌になってしまう。なるほど犬たちはむかしは無価値だった。

この本の第二章4の見出しは「斬られる犬たち」。「幕末、日本に来た外国人は刀傷のある犬たちをあちこちで見かけた」酔っぱらった武士たちが「ストレス解消」のために斬ったようだ。時は攘夷の嵐が吹き荒れ、先の見えない武士たちは夷人と見れば斬りまくった。外国人を殺せばたちまち外交問題に発展するが、殺された犬たちは「殺され損」、文字通りの犬死だ。武士の世から一転して明治新政府になると犬たちの運命は激変する。文明開化の一環として「畜犬規則」が設けられ、「だらしのない放牧」状態だった犬たちは、飼い犬とそれ以外に分けられる。主人のいない圧倒的多数の犬たちは捕まえられ撲殺された。その数約10万匹とも言われる。人権意識の薄い明治初期には「犬権」などは存在しなかった。

人犬同権の犬たち

ここでいきなり時代を50年ほど進める。『新聞投稿に見る百年前の沖縄』（上里隆史著、原書房）から紹介する。

「中島長門付近は野犬が多くて非常に困っています。丹署長様、早く撲殺してください」

1914（大正3）年9月20日の琉球新報投書欄。早速これに応えたのだろう。10月1日には以下の記事が見える。

「那覇署にては本日午前七時より正午まで、なお七日間を期し（那覇）区内の無鑑札犬撲殺を実行するよし。昨日までの調べによれば区内にて鑑札を有する犬は約三〇〇匹にて、その他、無届けのものが五、六〇〇以上あらんと言う」

かと思えば、銭湯の流し場に犬を連れてきて洗う愛犬家も出てきた。

「男女同権という言葉はこの頃日本でもだいぶ聞く言葉であるが、人と犬と同権ということはいまだかつて聞いたことがない。ところが本県の湯屋では立派に犬格を認めて人間なみに入浴料金三銭なり。人間は二銭五リ（厘）。いくら人間が汚くて犬がきれいか知らないが、いやしくも畜生である、獣物である」

「まさか人間と一緒に湯殿（に）入ってくるんでもあるまいと思っていたら、イヤ驚いたの何の。大して美しくもない犬を連れてきて洗場《ながしば》で大掃除を始める」

「洗われた後ではあたりかまわず身震いをやると、近処の者は頭から石鹸《しゃぼん》水を浴びる」

１９１５（大正４）年の琉球新報投書欄。投稿者は、グズグズして湯船の中で糞でもされたら大変、と飛び出した。「この調子では遠からずブタ一匹金五銭なり、馬一匹一〇銭なりと、人のための湯屋か獣物のための湯屋かわからぬようになるだろう」と嘆いている。

イギリス残酷物語――エンゲルスが見た労働者階級の状態

同時代の大英帝国はどうだったのか。エンゲルスの名著を読んでみた。蒸気機関が全てを変え、資本主義が労働者を蹴散らし荒々しくばく進してゆく様子が語られる。

「一人の王様がいる。一人の怒れる君侯がある。
　詩人の夢見た姿の王様ではなく、
　白人奴隷がよく知っている専制君主。
　そして蒸気こそ、この野蛮な王様」（バーミンガムの詩人　エドワード・P・ミード）

《アークライトが１７６７年に発明したスピニング・スロスル Spinning Throstle は蒸気機関とならび18世紀最大の機械発明である。１７８５年、ミュール紡績機登場。そしてこれらすべての機械は、１７６４年に発明され、１７８５年から紡績機の運転に応用されたジェイムズ・ワットの蒸気機関によって、二倍の重要性をもつこととなったのである》（エンゲルス『イギリスにおける労働者階級の状態』岩波文庫上・下）。

紡績機が登場し、蒸気機関の発明が産業革命を後押しした。「世界の工場」としての大英帝国が次第に形づくられてゆく。明治維新前夜、世界でもっとも力を誇っていたのはイギリスであった。日本の開国といえば、アメリカのペリーによる強制がまず話題になるが、イギリスはしっかり日本各地に外交官を配置し極東の小国の動静を見張っていた。幕末・明治初期、青い眼の中ではイギリスが最大のプレイヤーだった。あまり日本に食指を動かさなかった（動かせなかった）のは日本にとっては不幸中の幸いだった。

『イギリスにおける労働者階級の状態』の副題は、「19世紀のロンドンとマンチェスター」である。エンゲルスは21カ月もの間、ここで調査を続けた。彼らの状態はどうなのか。エンゲルスは「現存の社会的惨状の最高かつもっとも歴然たる頂点」と強調する。しかし彼らの歴史は、蒸気機関と綿加工機械の発明以前は牧歌的なものであった。

《紡績や織布は労働者の家で行われていた。妻と娘が糸を紡ぎ、夫が織った。（略）このような織工の家族はたいていは都市近郊の農村に住み、賃金で十分にくらすことができた。「労働者階級は『りっぱな』respectable 人物、よき家長であり、道徳的な生活を送っていた》。彼らは字が読めず、書ける者はあまりいなかった。蒸気機関と紡績機械のおかげで、人間には値しない生活から脱出したが、穴倉の獣のような生活へと落ちた。

《いまやこの国は他のどの国とも異なり、住民二五〇万の首都と、巨大な工業都市と、全世界の需要を満たし、複雑無比な機械でほとんどあらゆるものをつくる工業と、勤勉で、知的で、稠密な人口を擁する国である》

「アイルランド人が悪い」―エンゲルスの偏見

《労賃は上昇し、そのための労働者が群れをなして農業地帯から都市へ流れた。人口は急激に増加し、増加のほとんどすべてはプロレタリア階級であった。くわえて、18世紀初頭以来、アイルランドの秩序がはじめて安定したものとなった。ここでもかつてイングランド人の暴虐による騒乱のなかで殺された以上の人口が急速に増加した。工業の飛躍的な発展が多くのアイルランド人をイングランドに吸収しはじめてから、とくにそうであった》

この本には挿し絵も多い。ロンドン、オクスフォード・ストリート裏の貧民街を描いた絵の下には次のような文がある。

《この泥棒街では盗むものがないのだからドアなどは無用なのである。ゴミや灰の山がいたるところに散在し、ドアの前へぶちまけられた汚水が集まって、悪臭を発する水たまりとなっている。ここでは貧民中の貧民、つまり最低の賃金を支払われている労働者が、泥棒や詐欺師、売春の犠牲者とまざりあって住んでいる。たいていの者はアイルランド人かその子孫で（略）》

エンゲルスは今ではほとんど読まれないようだが、かの有名なマルクスと並び称される存在である。この本は労働者の状態を記した屈指のドキュメンタリーと評価されている。しかし労働者階級の味方であるはずのエンゲルスでさえ、アイルランド人に対してはかなり手厳しい評価を下している。

《（ダブリンをおとずれた時の感想）ダブリン湾は島国イギリス全体のなかでもっとも美しく、アイルランド人はよくナポリ湾とさえ比較する。（略）しかしそのかわりにまた、ダブリンでもっとも貧しい地区はこの世でもっとも不快で醜悪なものの一つである。なるほどこれには、場

合によっては不潔なもののなかではじめてくつろぎを感じるアイルランド人の国民性がかかわっている》

アイルランド人はイングランド労働者の賃金を引き下げている、と強調した後、次の文が続く。移民に対する偏見は現在のドイツやフランスの排斥主義者よりも強く、容赦ない。

《ぼろを着て歩き、ジャガイモを食べ、豚小屋で寝るアイルランド人》

《アイルランド人は、粗暴きわまる酔っ払いかたをするまでジンにふけるのである。アイルランド人の南国的なうわついた性格、ほとんど野蛮人におとらない粗暴さ、粗暴さゆえに享受することのできないあらゆる人間的な楽しみにたいする軽蔑、不潔さと貧困》

《多数の乞食は、ほとんど労働者からのほどこしで生活を支えている》

アイルランド人がイングランドの下層労働者から施しを受けている、と言い換えても良い。元気なものは「社会的殺人」に対して、「個人的な殺人」をもって応じる。

《ブルジョアジーに対する公然の戦争をもって応じる勇気と情熱がある者は、出かけていき、盗みをし、略奪をし、人殺しをするのである》

当然、衛生状態は最悪。肺結核、猩紅熱、チフスが流行し、多数の死者を出す。

《エディンバラでは１８３７年の流行期に約１万人が熱病にかかった。（略）全スコットランドのすべての貧民の６分の１が熱病にかかり、放浪する乞食によってこの病気はあちこちへ急速に広がった》

マンチェスターの工場の女性の状態は「婦人はしばしば出産後三、四日ではやくも工場にもどる。子供をおとなしくさせておくようために麻酔薬を使用。けいれんによる死亡が頻発する主原因」と専門医は考えている。同じマンチェスターでの証言を挙げる。《一四歳から二〇歳までの若い工場婦人労働者の四分の三がふしだらである》。そして《たいていの者は四〇歳で働けなくなる》。

当時のマンチェスターは人口約40万の一大工業都市で、イギリスのみならず、世界の木綿工業の一大拠点だった。そこでは激しい階級対立が生まれていた。《またマンチェスターは労働者階級の議会改革運動であるチャーティスト運動の一大拠点でもあった》

エンゲルスはこの後、彼と人生をともにすることになったアイルランドの紡績女工、メアリ・バーンズとともに、マンチェスターの各地を歩き、労働者の家を訪ねた。経営者は労働者の状態を良くしようとは考えていない。《その工場の時計は町の公式の時計よりも夜は15分遅れ、朝は15分進んでいたという》

労働者はかつての農奴よりひどい。女性の権利などない。《一一四五年の農奴サクソン人の状態と比べると、農奴は主人に初夜権 Jus primae noctis をあたえる。自由な労働者は主人に初夜権だけではなく毎夜の権利まであたえる》

この本のアメリカ版付録には、資本主義の現状を予見するような叙述がある。《アメリカで、資本主義制度の不可避的な結果をすべてあかるみに出すのを長きにわたってさまたげてきた二つの事情があった。それらは、安く土地が手に入ることと、移民の殺到であった。（略）最終的には社会を二つの陣営に、すなわち、一方での少数の百万長者と、他方での純然たる賃労働者大衆とに分裂させる》

30年ほど前になるがダブリンまでＩＲＡ（アイルランド共和軍）の取材に行ったことがある。イギリスから女性の通訳に来てもらった。一緒に列車で移動していると、青年たちが車内で大騒ぎを始めた。彼女は「イギリス人とは気質が全然違う」と驚いていた。これを「南国的なうわついた性格、ほとんど野蛮人におとらない粗暴さ」（エンゲルス）と見るのか、明るくて人懐っこい性格と見るのか。「イギリス紳士」でない私は断然「南国的で、粗暴な」アイルランド人に同調して両手を振り上げ（沖縄のカチャーシーのように）踊り出したくなった。

ラスト・サムライの覚悟

東京・阿佐ヶ谷の古本屋で『フランス人の幕末維新』（有隣新書）という本を見つけた。その中に、ウジェーヌ・コラッシュの「箱館戦争生き残りの記」があった。46頁のやや短い報告だ。

例えば、官軍の軍艦から砲撃を浴びる直前の状況は次のようだ。

《さて、陸地に上がると、すぐに眼前の絶壁をよじ登りはじめた。岩の凸凹と、どうにか生えている草など、少しでも支えになるところにつかまりながら、あとに置いてきたのは、泥酔状態でついて来られない男一人だった》。その直後《ストーンウォールからは旧式の丸い砲弾》が、《春日丸からは最新の円筒型の砲弾》が放たれる。命令に従わず別の道をとっていた二人だけが犠牲になった。

戦場の最前線を経験した砲兵大尉でなければ書けない貴重な記録だ。捕まって日本の牢獄に入る。白洲に座らされて、死刑を宣告される。駕籠に入れられ《三方を高い建物で囲まれたある広大な中庭で降ろされた》。取り巻きの連中はいなくなってしまう。数世紀が過ぎたように感じた後、高官にちがいない日本人がひとり門から出てくる。

「私をどうするつもりか尋ねてみた」

「横浜まで貴殿をお連れする予定の艀《はしけ》を待っているところで、貴殿を仏国大使にゆだねるところなのです」

「それでは、私は処刑されないのですか」

「そのとおり」

まるでドストエフスキーの小説でも読んでいるような気分だ。しかし残念ながら、ここに至る脱走劇や、その前のフランス軍事顧問団が幕府軍に味方する過程は書かれていない。

西南戦争については英国人のサトウ、ウィリアムスが実見し、書き残した。マウンジーは『薩摩反乱記』を著した。箱館戦争については渦中のフランス人の手記はないのだろうか。フランス軍事顧問団、中でも榎本武揚に付いて箱館戦争を戦ったメンバーの声を聴きたい。

彼らはフランスの軍籍を離れてまで幕府軍と運命を共にした。リーダー格のブリュネ大尉は五稜郭での抗戦の模様などを文章に残さなかったのか。ブリュネは絵が得意で、右手に小銃、腰には刀を差した幕府軍の兵士などのスケッチがある。『函館の幕末・維新―フランス士官ブリュネのスケッチ１００枚』という大型本も出ている。

ブリュネはトム・クルーズ主演の「ラスト・サムライ」のモデルだ。映画では、ウィンチェスター銃の実演・販売に雇われていたトムを日本政府が雇い入れる。彼は敵につかまるがサムライとしての生き方に共鳴し、最後は一緒に政府を相手に戦う。

実際は、ブリュネはフランスの軍事顧問団として派遣され、幕府の伝習隊（陸軍歩兵）を一年にわたって訓練した。この隊が戊辰戦争では主力になった。その後、幕府軍が降伏し、一部が北海道の五稜郭に向かう。ブリュネらは脱走して合流した。サムライの生き方に共鳴したところだけが映画と共通している。ブリュネは軍籍を離れる時に、ナポレオン三世にあてて手紙を書いた。

「陛下

陛下の御命令により日本へ派遣された私は、私の同僚達と共に、陛下の御意に添うべく力を尽くしておりましたが、日本の革命（注・戊辰戦争）によって、軍事顧問団はフランスへ帰国を余儀なくされる状況となりました。しかしながら私は日本に留まり、フランスに好意をよせる北の大名たち（奥羽列藩同盟）とともに、我が顧問団が達成した成果を明らかにする覚悟であります。北の大名たちは、私に南の大名たち（薩摩・長州）に対抗する組織の中心になってくれるよう求めており、私は求めを受け容れました。（後略）」

顧問団を連れ帰る任務を与えられた団長のシャノワーヌ大尉に迷惑をかけないように、配慮した文章だ。この手紙はフランスの新聞に発表された。彼らのやったことは軍紀違反ではあるが、好意的な反響を呼んだ。後に名誉回復し、ブリュネはフランス陸軍参謀総長にまで昇りつめた。

ブリュネの手記の翻訳本はなさそうだが、日本人の作家による『榎本武揚』(安部公房著、中公文庫)、『ラ・ミッション』(佐藤賢一著、文春文庫)、『追跡―一枚の幕末写真』(鈴木明著、集英社文庫)などの小説やノンフィクションが興味深い。『榎本武揚』は土方歳三と大鳥圭介の対立のセリフのやり取りに注目。『ラ・ミッション』はブリュネが「アコダテ」(箱館のフランス読み)を「人質」にして「エゾ共和国」をめざす過程が語られる。面白い。『追跡』は足掛け4年にわたってフランス軍事顧問団のメンバーの足跡をフランス各地や国内に取材した労作だ。

西洋強国による東方侵略の危機―明治のベストセラー『佳人の奇遇』

東海散士の『佳人の奇遇』が書かれたのは明治18(1885)年。彼は、この年1月に6年のアメリカ留学を経て帰国した。本名柴四朗、会津藩士柴五郎の兄である。弟の五郎は『ある明治人の記録』(中公新書)で有名だ。さらに言えばこの本を編んだのは石光真人。『城下の人』に始まる石光真清四部作（中公文庫）の編者でもある。真清は真人の父親。

『佳人の奇遇』の巻１の冒頭を紹介する。

《東海散士一日費府ノ獨立閣ニ登リ、仰テ自由ノ破鐘―ヲ観、俯テ獨立ノ遺文ヲ讀ミ、當時米人ノ義旗ヲ擧テ英王ノ虐政ヲ除キ、卒ニ能ク獨立自主ノ民タルノ高風ヲ追懐シ、俯仰感慨ニ堪ヘズ》

横にカタカナのルビがびっしりと振ってある。ヒラデルヒヤ、インデペンダント、ホール。そして―が引かれた個所は２行にわたって説明がある。

《欧米の民衆は大事な時には鐘をついて知らせる。米国独立の際、良い時も悪い時もこの鐘をつき、ついに鐘が割れてしまった、後の人が自由の破鐘と呼んだ》

アメリカのフィラデルフィアに始まった小説には、清国やスペインの女性、アイルランドの闘士などが登場する。ポーランドからの亡命者、ハンガリーの志士、オーストリアのメッテルニヒ宰相についても詳しい。解題に「その小説的構想を別にすれば、世界近世の亡国史の面影があり、西洋強國の東洋侵略史といってもよい」とある。小説としては未完成ながら傑作は傑作、と評価している。「文壇、非文壇をとわず、明治の青春の情熱をこれほど眞實に、これほど十分に、心から歌いあげた作品がほかにあろうか」とほめたたえている。

イタリア（６章アルミニョンを参照）、デンマーク（７章スエンソンを参照）について、当時の日本人はあまり知らなかった。彼らが日本に到着したのは偶然だが、同じ年の１８６６（慶応２）年のことだ。イタリアは５年前にようやく統一をなしとげたばかり、デンマークは２年前にプロイセン・オーストリア連合と戦って敗北し領土を取られ、その後、この年に勝者の二国間の戦争が始まった。二人とも自分の母国がどうなるか気が気ではなかっただろう。

『佳人の奇遇』に戻ると、読者は、フィクションではあるが沢山のことを学んだに違いない。西洋が必ずしも日本のお手本となる国々ではない、繁栄する国もあれば衰亡する国もある。作中には、民族独立をめざし、他国に逃れ再興を期す志士たちが出てくる。読者は、その姿に、西南戦争の西郷や幕府から徹底して弾圧された元会津藩士たちを思い浮かべたことだろう。

時代は明治に入り、曲りなりに国家が造られつつあった。日本は、狼や虎のような西洋諸国に狙われていた。読者は、この本を虎狼の住む洞窟に入り込んだドキュメンタリーのように感じて熱中した。東海散士は『佳人の奇遇』でたちまち文壇の寵児となった。

その後、知人の谷干城（当時、農商務大臣）の秘書官となった。伊藤博文総理は谷大臣を洋行させ保守的な谷の頭を欧米化させよう、と考えていた。ところが谷は東洋から西洋を巡り、西洋の侵略の現状に驚き、かえって強いナショナリズムの思想を強めて帰って来る。そのころ日本政府の高官たちは、夜毎に大臣主催の仮装舞踏会に明け暮れていた。鹿鳴館《ろくめいかん》を中心にした「鹿鳴館外交」である。谷は憤慨して伊藤に忠告書を送り、同じ趣旨の文面を天皇にも送って辞職してしまう。東海散士と谷とは進退を共にした。

『佳人の奇遇』は全編、日本への警告といって良い。辞職後も東海散士は「国権伸張」、「東亜振興」の理想を実現させようと努力を続けた。会津から代議士に立候補し数回当選している。明治29年には上京した。31年には伊藤内閣の成立に対抗して自由党、進歩党が合同して憲政党を作った。彼はその時、代表委員を務めた。明治42年、55歳で妻きくを迎えたが、ついに子を得なかった（『明治文学全集6明治政治小説集（二）』筑摩書房）

ヨーロッパ植民地主義の圧力

「現在につながる北東アジアやアジアの歴史は、もちろんこの地域の孤立した現象ではない。世界史と密接に関連している。とくに16世紀以来のヨーロッパ植民地主義の動向と切り離して考えることはできない」（海原峻著『ヨーロッパがみた日本・アジア・アフリカ』梨の木舎）

ヨーロッパ植民地帝国の一つであるフランスの世界中への侵攻をこの本から見てみよう。ファッション、絵画、映画、文学などで最先端を行く文化大国は、同時にアフリカ、インドシナで黒人、アジア人を殺しまくったテロ国家でもあった。

フランス植民地帝国の野望

本の表紙には「時に民族を絶滅させるほどの侵略により、欧州は富を形成し繁栄に向った。18世紀フランスの輝かしい『進歩』の世紀はまた奴隷貿易の最盛期であり、『ルソー』『ヴォルテール』『社会契約』という名の奴隷船が大西洋を行き交った」とある。フランス植民地帝国に関する特徴的な事実、基本的性格は次の通り。
①経済的野心
②国家威信の発揚
③欧州内諸国間紛争の欧州外への輸出
④キリスト教―カトリシズム―の宣教
⑤黒人奴隷船貿易と奴隷制
⑥西欧文明の旗手としての文明伝播者意識
ヴォルテールといえば、「フランス啓蒙主義の輝かしい旗手」である。彼は黒人の知性は白人の知性より低いときめつけ、動物の一種とみなしている。

《暑い国では猿が娘たちを征服したのかもしれない》

沖縄戦の時に、アメリカの指揮官がこう檄を飛ばしたそうだ。

「君たちが戦っている黄色い敵は猿と人間との中間の動物だ」

上陸した米兵は壕内を火炎放射器で焼き払い、手榴弾を投げ込み爆発させて皆殺しにした。中に潜んだ民間人たちを、半人半獣の群れ、と認識していたのだろうか。

福沢諭吉は日本のヴォルテールと呼ばれることもある。彼は「脱亜論」で中国や朝鮮の悪い友達とは付き合うな、と主張したが、「半人・半猿」とはさすがに言っていない。欧米の白人の、この酷薄非情さは「闇の世界を照らす」キリスト教の教えが影響しているのではないか。

それにその時の中国、朝鮮は腐敗した王朝と、弾圧されるばかりの哀れな人民とのコントラストが余りにも激しく、福沢の指摘は間違っていない。福沢とて、ペリーが開国を迫った真情は「商売に応じなきゃ殺すよ」という極悪非道の考えであることは百も承知の上である。とりあえずは欧米を見本にしよう、アジアの隣人は後回し、と言っているにすぎない。それを現在の後知恵で「とんでもない間違い、アジア蔑視だ」と片づけてはいけない。

キリスト教の蛮行が、植民地獲得を促進する

「聖バルテルミーの夜」と呼ばれる大虐殺は１５７２年8月24日に起きた。パリのセーヌ川は血で濁り、改革派教会（カルヴァン主義）の犠牲者は10月までに1万人以上に上った。（ちなみにこの新教徒大虐殺に対する謝罪は、４００年後の１９９８年にヨハネパウロ二世によって表明された）。この事件以来、新教徒たちはフランスの海外植民地をまさかの場合の避難場所として考えるようになった。

その前の１５４９年には、カトリックのイエズス会がフランシスコ・ザヴィエルを日本に派遣する。彼はフランスとスペインにまたがり太平洋に面するバスク地方出身である。《バスク人は海洋の民として知られ、とくに捕鯨を得意とした》。鯨を追ってバスク人は遠隔地まで出かけた。ペリーの日本派遣もそもそもは捕鯨基地の確保が目的の一つだった。

《イエズス会のカトリシズムは、布教先各国の文化的・精神的権威を基本的に認めない。ローマを軸とした普遍的、インターナショナルな価値をすべてのナショナルなものの上に置く》。だから日本では迫害を招くことは間違いない。清では１９００（明治33）年に義和団事件を引

き起こした。フランス・カトリックによる、国家権力侵害への反発である。著者の海原峻氏は以下のように指摘する。
《海外への進出という点からみれば、カトリックにとっては序列的・階級的な構造で神↓ローマ↓宣教師という構図により異国で布教することは、プロテスタンティズムより容易であったはずである。プロテスタンティズムは聖書の自己解釈を出発点とする。個人の自発性を重視する。プロテスタンティズムによる非キリスト教国での布教には、その国の住民の個としての展開と聖書の理解という二つの作業を行わねばならない》
カトリシズムとプロテスタントの差は、後の二大植民地帝国となった英仏の植民地政策にも反映している。フランスは言葉を教え自らの世界像を植え付ける同化政策をとった。イギリスは現地の文化や言語には距離を置いた「植民地管理」に徹した。ともあれ英と仏、プロテスタントとカトリックの違いはあれ、アフリカ・ラテンアメリカでの民族皆殺しや東洋への侵略について、両国政府はいまだに反省する気配はない。

鎖国の遅れを取り戻す「翻訳」

「19世紀の後半、明治維新前後の三、四〇年の間に、日本社会は、政府も民間も合わせて、膨大な西洋の文献を日本語に訳した。それは量において膨大であったばかりではなく、また領域においても網羅的に広汎であった。法律の体系から科学技術の教科書まで、西洋の地理や歴史から国際関係の現状分析まで、米国の『独立宣言』からフランスの美学理論まで。これほど短期間に、これほど多くの重要な文献を、訳者の文化にとっては未知の概念をも含めて、およそ正確に訳し了せたことは、実におどろくべき、ほとんど奇蹟に近い偉業である。明治の社会と文化は、その奇蹟的訳業の基礎の上に成立した」（加藤周一「明治初期の翻訳」『日本近代思想体系15　翻訳の思想』岩波書店）

例えば「万国公法」（国際法）は日本が外国と交際する際の、ルール・ブックのように考えられた。ルールに違反すれば競技場から去らねばならない。ラグビーでは、首にタックルしたりすれば危険行為として即退場である。これからゲームに参加する日本チームは必死にルールを守ろうと努力した。日露戦争での捕虜の扱いなどは、レフェリーのペナルティの笛を恐れて模範的にふるまう新参チームのようだ。

１８６４（明治３）年に、中国で『万国公法』（マーティン訳）約３００部が刊行され、各種商港や各省の官吏に配布された。アメリカ側は「清国政府の識見と熱意を最大に推賞し」たが、フランス側は全く対照的だった。

「中国人が西洋国際法の『内密』を会得し、西洋諸国に『数知れない迷惑をかけることを恐れ、『万国公法』の訳者を殺したいくらい憎んでいた」

この言葉を発したのは、駐北京のフランス代理大使クレコウスキだ。

「ルールを漏らしたりすれば、俺たちがやりにくくなるじゃないか」と怒ったのだ。

翻訳家・箕作麟祥《みつくりりんしょう》の思い出

麟祥の祖父は阮甫《げんぽ》という蘭学者であった。麟祥は14歳までは「理解力というものが十分にならなければ原書を読んでも効がない」ので、「漢学一方を仕込まれた」と語っている。ところが他の塾生が原書を読むのを見て、祖父に隠れて読んでいた。おかげで自力で相当の力がついていたようだ。当時は「医書でも窮理（物理）書でも兵書でも、なんでもかんでも手当たり次第に」読んだ。その後、幕末に英語に切り替わった。

福沢諭吉は、いままで蘭学一本槍で来たのが、横浜に行ってまったく言葉が通じない、看板の字が読めない。オランダ語ではだめだ、英語を勉強しないと、と他の塾生と共に悩む。

「たとえば五年も三年も水練を勉強して、ようやく泳げるようになったところで、その水練を罷《や》めて今度は木登りを始めようというのと同じことで、以前の勉強が丸で空《くう》になると、こう考えたものだから、如何《どう》にも決断が六《むつ》かしい」（福沢諭吉『福翁自伝』岩波文庫）

しかし英語を始めてみると文法も似ている。恐れるに足らず、と奮い立つ。

一方、箕作麟祥は中浜（ジョン）万次郎について英語を修める。もちろん専門も何もない。

明治2年、フランスの刑法を翻訳しろ、と政府から命令が下る。

「注解書もなければ字引もなく、教師もないといふやうな訳《わけ》で、実に五里霧中でありましたが、間違ひなりに、先づ分るままを書きました」

「それを文部省で木版に彫りまして、美濃判の大きな間違ひだらけの本を拵《こしら》へました」

その頃の話で、「ドロワ、シビル」という字を箕作が民権と訳す。すると「民に権があると云ふのは何の事だ、という云ふやうな議論がありまして、私が一生懸命に弁護しました」。

謀反論

西郷の反乱は後世に大きな影響を与え続けているようだ。大逆事件で幸徳秋水が死刑になった一週間後（明治44）年、徳富蘆花は次のような講演を一高で行った。

「諸君、明治に生れた我々は五六十年前の窮屈千萬な社會を知らぬ。斯の小さな日本を六十幾箇の基盤に劃《しき》って、一寸隣へ往くにも關所があったり、税が出たり、人間と人間の間には階級があり格式があり分限があり、法度《はっと》でしばって、習慣で固めて、苟《いやし》くも新しいものは皆禁制、新しい事をするものは皆謀叛人《むほんにん》であった時代を想像して御覧なさい。実にたまったものではないではありませんか」

「新思想を導いた蘭學者にせよ、局面打破を事とした勤王攘夷の處士にせよ、時の權力から云へば謀叛人であった」（『謀反論』徳富健次郎著、岩波文庫）

つまり蘆花は、幸徳秋水は新時代を切り開く人物であった、それを時の政権の都合で謀反人として殺してしまった、と非難している。

蘆花が生まれたのは１８６６（明治元）年、西南の役は１８７７（明治10）年だ。彼の育った水俣は熊本の最南部、鹿児島と県境を接する地にある。蘆花が９歳の冬に、薩摩軍は雪の降りしきる水俣を通り、熊本へ進軍する。熊本洋学校に通っていた蘆花は故郷の水俣に疎開する。内戦は深く少年の心に残ったに違いない。

北一輝は、西南戦争から６年後に生まれた。『支那革命外史・序』で、（大久保たちが）大西郷を群がり殺した、と記した。

「維新の〈元老たちが〉維新革命の心的体現者大西郷を群がり殺して以来、即ち明治十年以後の日本は、いささかも革命の建設ではなく復辟の背信的逆転である。現代日本のどこに維新革命の魂と制度とを見ることができるか」

復辟《ふくへき》とは、ふたたび天子の位につくことである。

北一輝は、維新以降の日本は「朽根の腐木を接いだ東西混淆の中世国家」に転落した、と考えた。しかし明治政府による西郷鎮圧を肯定した。「明治大皇帝」を阿弥陀如来に比し、「偉大なる西郷に指揮されたる亡国的軍隊を打破」と述べている。

司馬遼太郎の『街道をゆく3陸奥のみち、肥薩のみちほか』（朝日文庫）では、次のように考察している。

「西郷は城山で自刃し、そのときをもって薩摩国は戦国以来の独立勢力としてのおそるべき歴史をうしなうにいたるのだが、失ったのはそれだけではないかもしれない」

戊辰戦争、西南戦争で敗れた東北、鹿児島はそれ以降、中央政権から150年に及ぶいじめが続いているようだ。もちろん蝦夷、琉球は最初から謀反人扱いだ。

徳富蘆花は大逆事件で死刑になった12名を志士と呼んだ。

「彼らは乱臣賊子の名をうけてもただの賊ではない、志士である。ただの賊でも死刑はいけぬ。まして彼らは有為《ゆうい》の志士である。自由平等の新天新地を夢み、身を献《ささ》げて人類のために尽さんとする志士である。その行為はたとえ狂《きょう》に近いとも、その志は憐《あわ》れむべきではないか」。

日清・日露に参戦した軍医

「森鷗外は日清・日露という「近代日本が戦った二つの戦争に帝国陸軍軍医として従軍、戦争の『内側』からかかわったほとんどただひとりの文学者であった」（末延芳晴『森鷗外と日清・

日露戦争』平凡社）
鷗外の作詞による「第二軍」の第一句を紹介する。
「海の氷《ひ》こごる　北国《ほくこく》も
春風いまぞ　吹きわたる
三百年来　跋扈せし
ろしやを討たん　時は来ぬ

十六世紀の　末つかた
うらるを踰《こ》えし　むかしより
虚名におごる　仇《あだ》びとの
真相たれかは　知らざらん」
作家の田山花袋によれば、この軍歌が玄界灘を進む輸送船の上で、軍曹が「稚拙な指さばきでオルガンを弾きながら歌」われていたそうだ。
《鷗外はロシアを、シベリアや満州、スウェーデン、ポーランドなど周辺諸国を理不尽に侵略し強権的に抑圧してきた『浮浪無頼』の国と見立て、『今こそ、不敗神話を誇る日本の兵が、そのロシアを討つべきときが来た！』と、この戦争をある種の民族解放、あるいは勧善懲悪を目的として正義の戦争として称揚しようとしている》
今なら、では勝手に満州に侵略してロシアと戦う日本はどうなんだ、と問われるに違いない。

鷗外はドイツ留学が長く、それだけに白人の横暴と黄色人種に対する理由のない差別意識に歯噛みする思いだったろう。「第二軍」の4カ月後の明治37（1904）年8月17日には「黄禍」という長詩を詠っている。

「勝たば黄禍　負けば野蛮
白人ばらの　えせ批判
褒《ほ》むとも誰《たれ》か　よろこばん
誹《そし》るを誰か　うれふべき

黄禍げにも　野蛮げにも
すさまじきかな　よべの夢
黄なる流れの滔々《たうたう》と
みなぎりわたる　欧羅巴《よおろつぱ》」

鷗外のドイツ留学は1884年～88年。第二連後半の「黄なる流れの滔々と　みなぎりわたる　欧羅巴」という結句に「鷗外のロシアやドイツのみならず、広く西欧列強に対する怨念の深さ、敵対心の強さが読み取れる」。ヨーロッパでは「黄禍」が盛んに議論されていた。中国や日本などの黄色人種が「近い将来白色人種に多大の災禍をもたらすであろうという主張である」。

　1888年、鷗外はドイツ娘と恋に落ちる。後に「舞姫」が生まれた。軍医として上り詰めた鷗外が、作家としての生き方を貫く上で、陸軍首脳とどう折り合いをつけたのか。日頃の止むを得ない「忖度」と作品の発表は全面対決しないのか。

鷗外の生き方は、現代の企業に勤務する社員にも共通する。♪義理と人情を秤《はかり》にかけりゃ義理が重たい男の世界……いまどき流行らないかもしれないが、まだ義理とうわべを重んじる世界は続いている。

幕府の嘘つき官僚どもは、21世紀の日本政府では大半を占め、歪んだナショナリズムは隣国の中国・韓国に対する侮蔑となって生きている。脱亜論ではなく親亜論でなければ未来はない。時代の閉塞感は日本が自ら作り出しているようだ。

《鷗外は、日清・日露戦争において文学者として戦争や国家の『悪』と正面から向かい合うことを回避したことについて一言も触れていない》

当時は国家の方が個人より大きかったのだ。今もその構図は崩れていないようだ。しかし幸いにして明治時代ほど表現の自由について不寛容ではない。鷗外は一時、本名の林太郎で書いたことがある。その《背景に、天皇を頂点とした絶対主義的国家体制のもとにあっても、国家と芸術・思想の表現の自由は両立しうるはずだと考えていたことを見落としてはならない》。

森鷗外は最後には「ペンは剣より強し」を証明するために闘った。「非戦の文学」をいかにして可能にするか、と問い続けていたのだろう。

『石田治作』という作品では、より「非戦」のメッセージが読み取れる。鷗外の従者だった歩兵、石田治作は「明治37年10月12日午前11時、旅順十里河での塹壕戦でロシア兵に決死の銃撃戦を挑んだ」、「二人の敵将校を見かけ、一人は銃で撃ち殺し、もう一人の将校に銃剣を突きつけるが、間一髪で身をかわされる」。そして逆に拳銃を胸に突きつけられ、絶体絶命の窮地に立たされる。石田は銃剣で突き刺そうと身構える。

「此刹那　何思ひけん
将校の　拳銃とれる
右手垂れて　項《うなじ》も垂れぬ
おもほえず　われためらへば
将校は　拳銃すてて
わが右手を　しかと握りぬ
かくてわが　擒《とりこ》にせしは
砲兵の　大尉とぞいふ」

ロシア将校は石田を射殺することを止め、握手を求めた。そしておとなしく捕虜となった。

「生きるか死ぬかの死闘が繰り広げられる極限状況にあって、人間的な理性と感情が、憎悪と敵意に勝利した瞬間を描いて感動的である」

著者の末延は、ここに「かすかではあるものの『非戦』の通奏低音を聴き取る」と記した。

カナダへ向かうメリーポピンズ達

19世紀から20世紀にかけて、カナダ西部から奇妙な「ダイレクトメール」がイギリスにいる女性たちに届き始めた。


「至急！

カナダ西部は何千人ものすてきな娘さんを求めています。

二万人を超す男性が嫁がいないとため息をついているのです。なんということでしょう！

ためらわないで、すぐに来てください。

もしあなたがだめなら、あなたの姉妹を送ってください。

需要がとても大きいので、スカートをはいていれば、何にだってチャンスがあります」。


（井野瀬久美惠著『興亡の世界史　大英帝国という経験』講談社学術文庫）

今だったら露骨な表現が問題になり、バカにするな、という女性がほとんどだろう。神経を逆なでするように最後の文句が止めを刺す。


「空クジなし！

このチャンスをお見逃しなく。

もう二度とチャンスのない方もいらっしゃるはず」

イギリスには女（メス）が余っている。カナダ西部には移民した男（オス）が余っている。イギリスの女たちよ、オールドミス（今は聞かれない言葉だ）を逃れる最後のチャンスだ、いざ島国から海のカナタのカナダへ、行け行け行けえ、とそそのかす脅迫文だ。

「一九世紀半ば、ミドルクラス（あるいはそれ以上）の女性が、身分を損なわずに（すなわち労働者階級に転落することなく）有償労働が許された唯一といえる職業は、住み込みの女家庭教師（ガヴァネス）であった」（同書）

女家庭教師といえばすぐにジュリー・アンドリュースを想い浮かべる。「メリー・ポピンズ」でも「サウンド・オブ・ミュージック」でもその役だった。governess で研究社の『リーダーズ英和辞典』を引くと、他動詞もある。「（人を）女家庭教師の監督下におく（ように厳しく監督する）」。なんとなく「空クジなし！」の失礼な女性観を引きずっているようだ。

映画では「美人の魔法使い」（メリー・ポピンズ）、「家族合唱団を率いてザルツブルク音楽祭受賞、後にトラップ大佐の妻」（サウンド・オブ・ミュージック）のイメージしかないが、ガヴァネスといっても使用人である。家庭内他者で「女中」（この言葉もいまや消えた）扱いされた女性もいただろう。ストレスも多かったに違いない。しかしイギリス（やヨーロッパ）では階級を落とさず生きてゆく女性の一つの典型的な職業だったのだ。きれいごとは言っていられない。労働者階級の女性は家事使用人としてカナダ、オーストラリア、ニュージーランド、南アフリカへ向かった。彼女たちと区別するため、ミドルクラスの独身女性は「雇い主の話し相手という ニュアンスの『ホーム・ヘルプ』とか『レディ・コンパニオン』という言葉も編み出された」。

なんだ、「エギュゼクティブ・ディレクター」（インチキCM作成プロダクションのアンチャン?）だの「CEO」（シャチョさん?）、「コンテンツ・モデレーター」（内容がないよー?）と同じ言い換えじゃないか。

１８８０年代には「イギリス女性移民協会」が組織され、女性移民政策は「教養と道徳」を看板にした「帝国のプロジェクト」となった。

鎖国が遅らせた「幻のベンガル湾海戦」

ベンガル湾とはインド亜大陸の北東部分。インドから見た対岸にはミャンマー、タイなどが位置している。つまりインドと東南アジアの間に横たわる海だ。民族学者の梅棹忠夫によれば、もし日本が鎖国をしていなかったならば……

「日本は十八世紀中ごろ、ベンガル湾において、イギリスと大海戦を行なっていただろう」

（『日本史のしくみ』中公文庫）

梅棹は言う。16、17世紀の日本は国際化の度合いを強めていた。豊臣政権のもとでは御朱印戦貿易が盛んになり、国内的には貿易業者というブルジョワジーが勃興する。海外においては台湾、フィリピン、東南アジアの各地に日本人町が作られた。《ベンガル湾に面する都市アキャブに当時あったアラカン王国の宮廷では、日本武士が王の親衛隊を組織していたのである》

アラカン山脈はインドからミャンマーにかけて走っている。ベンガル湾と同じくインド・東南アジアを分ける山脈だ。そのふもとに在った王国に日本の武士が務めていた！　初めて聞く話だ。

一方、イギリスは17世紀半ばにはインドのベンガル地方の経営に着手している。従って東から来た日本と衝突し、《ベンガル湾で大決戦を行なうことになっただろう》。

『『幻のベンガル湾海戦』というSFは、二百年ののち、大東亜戦争として現実化したことなのである」と梅棹は指摘する。この小論は、かなり論議を呼び、中央公論誌上や新聞でも掲載されていたように記憶している。

では200年の「パックス・トクガワナ」（徳川体制下の平和）政策はなぜとられたか？

それは幕府が、国内の西南キリシタン大名とスペインの連合勢力が、結束して対抗勢力に伸長することを恐れたからだ。「島原の乱に結果したように、スペイン人によるキリスト教布教が大成功をおさめ」ていた。新教徒オランダは、自らの通商の利益を図るために、幕府に協力し、島原の乱に立ち上がった人々を抑えつけた。事情を知る者はキリスト教国同士の争いに、震える思いがしたことだろう。梅棹は記す。

《さらに不思議なことには、いったん鎖国されてしまうと、十六世紀に爆発した日本人の遠心的エネルギーも、どうやら行方不明になってしまったようである」、「アジア諸国にとって、ヨーロッパ人の渡来ということのもつ情報的意味は、きわめて大きいものであった》

その意味を理解しなかった国が日本とビルマであった。

《ビルマ政府は、奥地から一歩も動かず、ベンガル湾に浮かぶイギリス艦隊の意味を知らなかった》

その結果、第二次世界大戦までイギリスの植民地となってしまった。

《それに対して、隣のタイは、一貫して開国主義的な政策をとった結果、ビルマに比べてはるかに幸福な近代を迎えることができた》

日本は、欧米から伸ばされた「魔手」を断ち切り200年間の徳川の平和を保った。梅棹は《そしてちょうど二世紀遅れて『幻のベンガル湾海戦』が起こり、日本に壊滅的打撃を与えたことを考えれば、やはり鎖国は功よりも罪のほうが多かった》と結論づけている。

タイの「中立政策」について思い出したことがある。タイは植民地になったことがなく独立王国を保っている。ベトナム戦争中は補給基地としてインフラが強化された。観光産業・性産業の繁栄もアメリカ軍兵士の慰安から始まった。以上は私がタイを何度か訪れた体験などからも分かる。一番驚いたのはベトナム戦争終結の時であった。それまで北ベトナムを非難してやまなかったタイ政府が、南ベトナムのサイゴン陥落と同時にガラリと180度態度を変えた。北ベトナムのハノイあてに「おめでとうございます」と祝電を打ったのだ。これくらいの豹変ぶりでないと、独立は保てないのかもしれない。

おわりに

この十年ほど幕末・明治に興味を持ち、いろいろな場所に足を運び、本を読んだ。『夜明け前』(島崎藤村)の木曽路、『ペリー提督日本遠征記』の浦賀、久里浜、下田、グラバー亭のある長崎などを訪れた。司馬遼太郎、山田風太郎、吉村昭、『快楽亭ブラック集』『明治探偵冒険小説集』まで、なんでも面白く読んだ。出張のついでに足を伸ばし、西郷が流された奄美大島龍郷町、沖永良部も訪ねた。

取材の最初は足元の沖縄から始めた。1816年に琉球を訪れたバジル・ホールは帰国後の航海記がベストセラーとなった。欧米は琉球が「非武の国」であることを知った。1853年に訪れたペリーの黒船はまず琉球や小笠原の調査から始めた。5回も琉球に寄ったことはあまり知られていない。こうした欧米人の記録が文庫本などで気軽に読める。前著『青い眼の琉球往来』はそれらに目を通してまとめた。

「琉球処分」以降は、琉球は国際舞台から降ろされた感がある。青い眼たちの視線も、江戸を中心にした日本本土に向かう。一挙に記録が増える。彼らの翻訳本を日本到着順に並べてゆくと、幕末・明治の主な出来事も入る。当事者による記録(例えばハリスの日記)は貴重な資料だが面白くはない。通訳のヒュースケンの方が興味を惹かれる。谷崎潤一郎が小説にしたかった、と聞いたことがある。

当時最強の国はイギリスだった。その頃の事情を知るためにエンゲルスの名高い『イギリス労働者階級の状態』（岩波文庫）や『興亡の世界史　大英帝国の体験』（井野瀬久美惠著、講談社学術文庫）、『二都物語』（ディケンズ著、新潮文庫）、モリスの『ユートピアだより』（世界の名著52、中公バックス）などに目を通した。『明治天皇』（ドナルド・キーン著、新潮文庫1〜4）、『遠い崖』（萩原延寿著、朝日文庫1〜14）はほとんど生かしきれなかった。連載がなければこれらの本を読む機会はなかった。

本書は主として青い眼の見た記録に限った。幕末・明治に訪れた欧米人たちが時に対象にのめりこみながら、日本を見ている。

「明治日本の心を伝える人はなにも日本人であるとは限らない。ハーンは他の作家の誰にもまして明治人の心を捉えている（後略）」（平川祐弘著『西欧の衝撃と日本』講談社文庫）

この本は「青い眼の見た」記録だから止むを得ないが、隣国の朝鮮半島、中国、台湾からの視点はない。脱亜ではなく入亜、親亜へのネジの巻きなおしは次代のテーマだろう。

明治を語る際に欠かしてはならない『石光真清』（中公文庫、一〜四）の（三）望郷の歌には、緒方の祖父が一瞬登場する。「鉄嶺には同郷の緒方二三《にぞう》氏が陸軍通訳として軍政委員署に勤務していると聞いたので、まず彼を訪ねて相談した」（注・二三は、にぞう、ではなく、家族はじそうと呼んでいた）。祖父は漢口楽善堂の主任をしていた。そして日露戦争後のこの頃、（遼寧省）鉄嶺にいたようだ。何のために？　私の熊本の弟宅には祖父のフロックコート姿の写真が飾っである。天皇陛下単独拝謁の際、上京した時に撮ったという。天皇陛下単独拝謁？　何の功績があって、そんなたいそうな栄誉を得たのか。日清戦争の時、広島の大本営で中国語通訳の主任を務めていたようだから、その貢献だろうか。調べれば面白そうだ。

この本で紹介した時代は、もはや四～五世代くらい前にさかのぼる。この後の四～五世代（約120年～150年）先を予見するためにも、近代国家の出発点である幕末・明治を見据えることは必要だと感じる。

最後に、本編に収容しきれなかった短い文を紹介する。メディアの堕落は今に始まったことではない。むしろ記者たちは「羽織ゴロ」とも呼ばれていた。見かけは立派な羽織を着ているが、中身は卑劣なヤクザ、という意味だ。明治初期の日本の言論機関は、政府の弾圧に対する抗議の手段として機能した時期もある。第9章のメーチニコフとまで行かなくても、「国際的連帯」、「民衆のために」といった「大義」を忘れたメディアは次第に人々の支持を失い、衰退するだろう。健全な批判精神は、西南戦争でつぶされ、あとは不毛の荒野が続いているのだろうか。第7章のデンマルクの話のように、種まき作業を、よんなーよんなー（ゆっくりと）沖縄で続けてゆきたい。

ユスリ・詐欺広告の新聞社

「新聞社員といえば世間の人がオジケたり、擯斥《ひんせき》する様な境遇に堕落したのは実に悲しむべき事である。シテなにゆえこのゴロ漢が日増《ひまし》に殖《ふえ》るかというに、世間でコソコソと悪い事をするには中々骨が折れる、しかるに新聞社員になれば容易に金銭を強奪する事もでき、公然詐欺広告屋の上前《うわまえ》を取っても警察官や司法官はこれを咎《とが》めはせぬ、旨《うま》くやれば万朝報の黒岩周六のようににわか紳士になることもできる、（略）たまたまナマナカ正直でやり通そうとする者があっても、ガワがガワであるから、とても一社一身を保持することはできぬ、それ故ついには悪魔の仲間入りをしてユスリ、ハッタリ、タカリ、イカサマ事をやるのである」

この恐るべき毒舌は『滑稽新聞』で有名な宮武外骨《みやたけがいこつ》である（『新編・予は危険人物なり』ちくま文庫）。

黒岩周六は土佐の高知の出身。黒岩涙香《るいこう》として知られる。あだ名はマムシの周六。マムシのように食らいついてスキャンダルを暴く。すると新聞は売れる。という循環でだんだん上品になってきて、いまや「紳士」に成り上がった、と宮武は皮肉っている。

黒岩が創刊した『萬朝報《よろずちょうほう》』（万朝報）は有名・無名人の愛人関係を暴く連載などで人気を呼び、のちに幸徳秋水、内村鑑三、堺利彦などのインテリが参加した。

ちなみに、『滑稽新聞』は明治22年発行、黒岩の『万朝報』は明治25年発行。『ベルツの日記』をのぞいて、これまで取り上げた「青い眼の幕末・明治」の時代よりは約10年ほど後の話である。

■引用本紹介

1『ゴンチャローフ日本渡航記』
　イワン・A・ゴンチャローフ著、高野明・島田陽訳、講談社学術文庫、２００８年
2『日本滞在記』（上中下）
　タウンゼント・ハリス著、坂田精一訳、岩波文庫、１９５３年
3『ヒュースケン日本日記』
　ヘンリー・ヒュースケン著、青木枝朗訳、岩波文庫、１９８９年
4『大君の都』（上中下）
　ラザフォード・オールコック著、山口光朔訳、岩波文庫、１９６２年
5『一外交官の見た明治維新』（上下）
　アーネスト・サトウ著、坂田精一訳、岩波文庫、１９６０年
6『イタリア使節の幕末見聞記』
　V・F・アルミニヨン著、大久保昭男訳、講談社学術文庫、２０００年
7『江戸幕末滞在記』
　エドゥアルド・スエンソン著、長島要一訳、講談社学術文庫、２００３年
8『お雇い外人の見た近代日本』
　リチャード・H・ブラントン著、徳力真太郎訳、講談社学術文庫、１９８６年
9『回想の明治維新』
　レフ・I・メーチニコフ著、渡辺雅司訳、岩波文庫、１９８７年
10『薩摩反乱記』
　オーガスタス・マウンジー著、安岡昭男補注、東洋文庫、１９７９年
11『ベルツの日記』（上下）
　トク・ベルツ編、菅沼竜太郎訳、岩波文庫、１９７９年

12『日本奥地紀行』
イザベラ・バード著、高梨健吉訳、平凡社ライブラリー、2000年

■参考文献（複数章にまたがるものは初出のみ記した）

◎第1部

第1章

『文明論の概略』（福沢諭吉、岩波文庫）
『新訂海舟座談』（巌本善治編・勝部真長校注、岩波文庫）
『朝鮮・琉球航海記』（ベイジル・ホール、岩波文庫）
『新編　悪魔の辞典』（ビアス、岩波文庫）
『現代語裏辞典』（筒井康隆、文春文庫）
『言海』（大槻文彦、ちくま学芸文庫）
『落日の宴』―勘定奉行川路聖謨（吉村昭、講談社文庫）
『日露交流の原点　ヘダ号建造の物語』（制作　日本大学国際関係学部安元ゼミナール）
『米欧回覧実記1～5』（久米邦武、岩波文庫）

第3章

『アーネスト・サトウと倒幕の時代』（孫崎享、現代書館）
『新々百人一首』（丸谷才一、新調文庫）
『逝きし世の面影』（渡辺京二、平凡社）

第4章

『ユートピアだより』モリス（世界の名著52ラスキン　モリス、中央公論社）
『世界遺産大事典　上下』（NPO法人世界遺産アカデミー）
『天皇論「日米激突」』（小林よしのり、ケネス・ルオフ、小学館新書）

『海は甦る1〜5』(江藤淳、文春文庫)
『薔薇のつぼみ　宰相・山本権兵衛の孫娘』(村松友視、集英社文庫)

第5章

『遠い崖―アーネスト・サトウ日記抄1〜14』(荻原延壽、朝日文庫)
『アーネスト・サトウ伝』(B・M・アレン、東洋文庫)
『明治百話　上下』(篠田鉱造、岩波文庫)
『アーネスト・サトウと倒幕の時代』(孫崎享、現代書館)
『明治維新とイギリス商人―トマス・グラバーの生涯』(杉山伸也、岩波新書)
『イギリス帝国の歴史　アジアから考える』(秋田茂、中公新書)
『ある英人医師の幕末維新』(ヒュー・コータッツイ、中央公論社)
『ウィリアム・ウィリス伝』(山崎震一、書籍工房早山)

第6章

『青い眼の琉球往来』(緒方修、芙蓉書房出版)

第7章

『後世への最大遺物・デンマルク国の話』(内村鑑三、岩波文庫)
『ビゴーが見た日本人』(清水勲、講談社学術文庫)
『プロテスタンティズムの倫理と資本主義の精神』(マックス・ヴェーバー、岩波文庫)
『ユグノーの経済史的研究』(金哲雄、ミネルヴァ書房)

第8章

『近代日本一五〇年』(山本義隆、岩波新書)

第9章

『向う岸からの革命』(良知力、ちくま学芸文庫)
『明治維新』(遠山茂樹、岩波文庫)

『日本の歴史20　明治維新』（井上清、中公文庫）
『明治維新史研究』（羽仁五郎、岩波文庫）

第10章

『風浪・蛙昇天』（木下順二戯曲選、岩波文庫）
『田原坂』（橋下昌樹、中公文庫）
『唯今戦争始め候。明治十年のスクープ合戦』（黄民基、洋泉社新書）
『明治の話題』（柴田宵曲、ちくま学芸文庫）
『鹿児島戦争記』（篠田仙果、岩波文庫）
『明治史講義―人物篇』（筒井清忠編、ちくま新書）
『明治史講義―テーマ篇』（小林和幸編、ちくま新書）
『月刊歴史読本　西南戦争後１００年記念号』（新人物往来社）
『西郷南洲遺訓』（岩波文庫）
『虚像の西郷隆盛　明治維新という過ち・完結編』（原田伊織、講談社文庫）
『西郷隆盛紀行』（橋川文三、朝日選書、文春文藝ライブラリー）
『代表的日本人』（内村鑑三、岩波文庫）
『西南役伝説』（石牟礼道子、講談社文芸文庫）
『福沢諭吉の哲学』（丸山眞男、岩波文庫）
『痩我慢（やせがまん）の精神』（萩原延壽・藤田省三、朝日文庫）
『幻影の明治』（渡辺京二、平凡社ライブラリー）
『完本　南洲残影』（江藤淳、文春学藝ライブラリー）

第11章

『白い航跡　上下』（吉村昭、講談社文庫）
『ゴードン・スミスの見た明治の日本』（伊井春樹、角川選書）

『ビゴーが見た明治ニッポン』（清水勲、講談社学術文庫）

第12章

『興亡の世界史　大英帝国という経験』（井野瀬久美惠、講談社学術文庫）
『チェンバレンの琉球・沖縄発見』（山口栄鉄、芙蓉書房出版）
『イザベラ・バードの旅』（宮本常一、講談社学術文庫）
『二都物語』（ディッケンズ、新潮文庫）
『天皇の世紀1～12』（大佛次郎、文春文庫）
『イザベラ・バードと日本の旅』（金坂清則、平凡社新書）

◎第2部

『黒船以降』（中村彰彦・山内昌之、中公文庫）
『明治百話　上下』（篠田鉱造、岩波文庫）
『帝国とナショナリズム』（山内昌之、岩波現代文庫）
『世界史の実験』（柄谷行人、岩波新書）
『日本の百年1　御一新の嵐』（鶴見俊輔編著、ちくま学芸文庫）
『幕末気分』（野口武彦、講談社文庫）
『明治大正史　世相篇』（柳田國男、講談社学術文庫）
『犬たちの明治維新』（仁科邦男、草思社文庫）
『新聞投稿に見る百年前の沖縄』（上里隆史、原書房）
『イギリスにおける労働者階級の状態　上下』（エンゲルス、岩波文庫）
『フランス人の幕末維新』（M・ド・モージュ他、有隣新書）
『榎本武揚』（安倍公房、中公文庫）
『ラ・ミッション』（佐藤賢一、文春文庫）
『追跡──一枚の幕末写真』（鈴木明、集英社文庫）

『函館の幕末・維新―フランス士官のスケッチ100枚』（中央公論社）
『佳人の奇遇　明治政治小説集（二）明治文学全集6』（筑摩書房）
『ある明治人の記録』（石光真人、中公新書）
『城下の人1〜4』（石光真清、中公文庫）
『ヨーロッパがみた日本・アジア・アフリカ』（海原峻、梨の木舎）
『日本近代思想体系15　翻訳の思想』（丸山眞男・加藤周一、岩波書店）
『福翁自伝』（福沢諭吉、岩波文庫）
『謀反論』（徳富蘆花、岩波文庫）
『日本の名著45　宮崎滔天・北一輝』（中央公論社）
『森鷗外と日清・日露戦争』（末延芳晴、平凡社）
『角川漢和中辞典』（角川書店）
『街道をゆく3―陸奥のみち、肥薩のみちほか』（司馬遼太郎、朝日文庫）
『維新の夢』（渡辺京二、ちくま文芸文庫）
『日本残酷物語2　忘れられた土地』（宮本常一・山本周五郎・楫西光速・山代巴、平凡社ライブラリー）
『西南戦争民衆の記』（長野浩典、弦書房）
『西欧の衝撃と日本』（平川祐弘、講談社文庫）
『明治日本の面影』（小泉八雲・平川祐弘編、講談社学術文庫）
『日本史のしくみ』（林屋辰三郎・梅棹忠夫・山崎正和編、中公文庫）
『明治・大正　日本人の意外な常識』（後藤寿一、じっぴコンパクト新書）
『漫画が語る明治』（清水勲、講談社学術文庫）
『日露戦争風刺画大全　上下』（飯倉章、芙蓉書房出版）
『明治天皇1〜4』（ドナルド・キーン、新潮文庫）
『新編・予は危険人物なり』（宮武外骨、ちくま文庫）

著者略歴

緒方　修（おがた　おさむ）
1946年生。中央大学卒、文化放送記者・プロデューサーを経て1999年より沖縄大学教授。早稲田大学オープン教育センター講師など。現在、東アジア共同体研究所琉球・沖縄センター長、NPO アジアクラブ理事長ほか。
著書は、『青い眼の琉球往来』『シルクロードの未知国―トルクメニスタン最新事情』（以上、芙蓉書房出版）、『客家見聞録』『燦々オキナワ』（以上、現代書館）、『沖縄野菜健康法』（実業の日本社）、『歩きはじめた沖縄』（花伝社）など。

青い眼が見た幕末・明治
――12人の日本見聞記を読む――

2020年6月25日　第1刷発行

著　者
緒方《おがた》　修《おさむ》

発行所
㈱芙蓉書房出版
（代表　平澤公裕）
〒113-0033東京都文京区本郷3-3-13
TEL　03-3813-4466　FAX　03-3813-4615
http://www.fuyoshobo.co.jp

印刷・製本／モリモト印刷

ISBN978-4-8295-0792-6

【芙蓉書房出版の本】

青い眼の琉球往来
ペリー以前とペリー以後

緒方 修著　本体 2,200円

琉球は、唐の世から、ヤマト世、アメリカ世、そして再びヤマト世と、荒波にさらされてきた。明治の初めに王国がなくなるまでの琉球の姿を、バジル・ホール、クリフォード、フォルカード、そしてペリーら“青い眼”の人々の航海記、遠征記などの記録から読み解く歴史紀行エッセイ。

チェンバレンの琉球・沖縄発見

山口栄鉄著　本体 1,800円

明治期の日本に滞在し、最も有名な日本研究家として知られるバジル・ホール・チェンバレンの琉球研究のエッセンス。半世紀にわたってチェンバレン研究を専門分野としてきた著者が、「チェンバレンの日本学」をわかりやすく解説。チェンバレンが書いた琉球見聞録「琉球～その島と人々」を読みやすいように翻訳して収録。

神の島の死生学
琉球弧の島人たちの民俗誌

付録DVD『イザイホーの残照』

須藤義人著　本体 3,500円

神の島の“他界観”と“死生観”がわかる本。久高島・粟国島・古宇利島をはじめ、沖縄の離島の祭り、葬送儀礼を通して、人々が生と死をどのように捉えてきたかを探る。貴重な写真200枚収録。久高島の祭祀を記録したＤＶＤ付き。

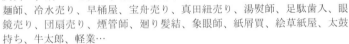

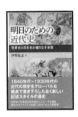

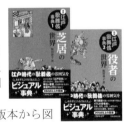